LA

LIBERTÉ DE LA PRESSE

ET

LE SUFFRAGE UNIVERSEL

PAR

M. DUPONT-WHITE

Extrait du CORRESPONDANT

PARIS

LIBRAIRIE DE CHARLES DOUNIOL, ÉDITEUR

29, RUE DE TOURNON, 29

—

1866

LA
LIBERTÉ DE LA PRESSE

ET

LE SUFFRAGE UNIVERSEL

AVANT-PROPOS DE L'ÉDITEUR

L'étude ci-après est tirée d'un livre que fait en ce moment M. Dupont-White, intitulé : *Progrès de la France*. Ce livre, qui commence par un exposé économique, diplomatique et militaire, finit par une étude politique de la situation actuelle. Nous publions dès à présent cette seconde partie de l'ouvrage, comme la plus opportune et la plus intéressante par son sujet. Car elle se rapporte, non à des prospérités et à des gloires évidentes, acquises, incontestables, mais à des faits et à des réformes politiques qui sont encore un objet d'étude et de controverse : c'est ce que l'auteur va faire remarquer tout d'abord en prenant la parole.

Nous venons d'esquisser un tableau où abondent la grandeur et la prospérité. La France peut s'y reconnaître avec un vif contentement d'elle-même, et se décerner le témoignage d'un progrès fort enviable, établi d'ailleurs comme un fait, comme un chiffre. Dans le tableau que nous allons tracer, celui du *progrès politique de la France*, nous n'aurons plus cet éclat et cette sûreté de preuve.

Ici, en effet, tout est obscur, épineux, compliqué. L'embarras n'est pas seulement de dire les choses, sans aucune assurance de plaire en tout lieu : il est plus difficile encore de les voir comme elles sont, de les exposer comme on les voit, et de les prévoir, de les montrer comme elles seront, dans la voie où elles s'engagent. Ici plus de statistique, plus de documents officiels, pour acquérir et pour démontrer une opinion. Nous passons des faits économiques,

diplomatiques et militaires aux faits de l'ordre moral où règne l'in-
tuition, qui se révèlent au sentiment, qui s'interprètent par aperçus
individuels et variables. Je ne puis plus dire : voyez ce capital et ces
emprunts, voyez ces recettes, voyez ce commerce, voyez ces victoires
et ces provinces nouvelles... Toutefois nul n'y contredira : les faits de
l'ordre moral sont à compter, encore qu'on ne puisse les montrer du
doigt et les évaluer en chiffres. Peu susceptibles d'une preuve régu-
lière, ils ne laissent pas que d'être considérables entre tous. C'est
même là ce qui gouverne le monde, aussi vrai que le monde ne vit pas
seulement de pain, la France surtout dont on pourra toujours dire,
comme de Scipion : *Novi spiritus tibi magnos magis quam utiles.* La
destinée des gouvernements tient à l'opinion des peuples, laquelle
n'est pas toujours déterminée par le plus ou le moins de bien-être,
de territoire, d'avantages matériels et appréciables dont jouit un
peuple ; puissance vague et étrange, indéfinissable du moins, qu'on
ne voit pas avec les yeux de la tête, qui n'agit pas avec les mains
du corps, mais qui n'en a pas moins droit de vie et de mort sur les
puissances visibles et organisées. On a vu des gouvernements s'éva-
nouir au milieu de la prospérité la plus évidente, et cela pour avoir
blessé quelqu'un de ces intérêts moraux qui échappent au toisé. Tel
fut l'ancien régime à sa dernière heure, qui est peu connue sous ce
rapport. Si j'en crois une autorité comme M. Chaptal, dans son livre
curieux *de l'Industrie française*, 89 éclata quand la France avait un
commerce extérieur si puissant et si étendu qu'il faut descendre jusqu'en 1847 pour le retrouver avec les mêmes proportions. C'est bien
le cas de répéter le mot fameux : *Périssent les colonies...* car l'Ile-de-
France et Saint-Domingue étaient pour beaucoup dans cette prospérité qui ne pesa pas un fétu en faveur de l'ancien régime.

Vous pourriez rechercher si au temps de Jacques II la révolution
anglaise ne se fit pas, toutes choses florissantes d'ailleurs, pour un
grief analogue, c'est-à-dire purement moral. Mais au fait, à quoi
bon ? Dès qu'il est entendu que les sociétés sont corps et âme, il
est clair, *a priori*, qu'on ne les contente pas de tout point en les
comblant et en les gorgeant au physique seulement, qu'une base toute
matérielle ne suffit pas à fonder les gouvernements, et que certaines blessures faites à l'âme des peuples sont implacables. A oublier
cela on peut se perdre. Encore que cette perte soit celle des gouvernements et rien de plus (car les sociétés, où le ressentiment des
choses morales est profond, ont un principe de vie à toute épreuve),
la chose est à considérer. Les gouvernements font un tel personnage

que leur chute est un grave accident, qui incommode les sociétés, qui suspend la consommation, ne produit que le faux goût, et même ravage un peu les mœurs. C'est ce qu'on appelle une *révolution;* et parce que les révolutions, en se multipliant parmi nous, sont devenues plus humaines, plus clémentes pour les personnes et pour les biens, ce n'est pas à dire qu'il convienne de les prodiguer.

I

Pour entrer tout d'abord *medias in res*, ma raison de douter au sujet du progrès politique, c'est que *l'esprit baisse en France.* Dût-on m'accuser de procéder sans ordre, de mettre les effets avant les causes, il faut signaler ce fait capital qui se laisse reconnaître un peu partout, et dont le principe d'ailleurs n'est pas douteux. Que la population soit stationnaire, en France, cela tient à des causes très-diverses ; et, si grave que soit ce fait, nous n'allons pas en tirer contre qui que ce soit une conclusion politique, à l'instar d'une compagnie célèbre qui concluait de tout, si j'en crois Pascal, que ses ennemis étaient des hérétiques. Mais que l'esprit baisse dans un pays où le contrôle politique a été pendant longtemps la forme et l'exercice principal de cet esprit, cela vraiment est d'une tout autre signification. On pourrait croire à toute rigueur que cette société est à l'étroit dans ses institutions.

Mais le fait est-il réel, et comment allons-nous le prouver ? Ce qui me touche le plus en fait de preuves, je ne puis le rapporter, l'imposer du moins. Le moyen de démontrer que les sujets politiques sont aujourd'hui des sujets d'entretien moins fréquents et moins animés ? que telle classe de personnes s'y intéressait autrefois, qui les néglige aujourd'hui ? que les raisons, les vues, les nouvelles apportées dans ces rares conversations sont en général vulgaires et pitoyables ? Là-dessus, je ne puis que faire appel aux souvenirs, aux observations et à la bonne foi de chacun. Il faut être bien jeune pour n'avoir pas mémoire d'un temps où la chose publique tenait plus de place dans les esprits, et trouvait des esprits plus éclairés, plus informés, plus curieux d'un avenir par delà fin courant.

Cependant on peut noter çà et là quelques traits visibles de cet état de l'esprit français, — le nombre et la faveur des journaux où domine l'anecdote, le commérage, les bruits de salons, de villes, de coulisses, — la place conquise dans les meilleurs journaux par

ce genre de nouvelles et de discussions ; — au théâtre, la désuétude
du sifflet : le goût, c'est le dégoût : le public n'a ni l'un ni l'autre,
à moins d'un scandale qui le réveille et l'exaspère ; — moins de
mémoires lus ou envoyés aux Académies ; — études classiques moins
fortes qu'autrefois, selon l'aveu du ministre compétent ; — popula-
rité croissante des journaux creux, des spectacles nus, des romans
troussés, de tout un art enfin qui s'appelle *réalisme* et que j'appelle
cynisme, pour le choix qu'il fait de certaines réalités. Comme on
ne pense pas à tout en même temps, quand la pensée d'un peuple
se complaît et se borne, ainsi qu'on vient de l'énumérer, elle ne
peut être ailleurs, plus haut, plus loin, dans les choses d'avenir et
d'ensemble qui constituent la chose publique. Il faut entendre là-
dessus les hommes d'esprit et d'expérience qui ont passé leur vie à
diriger les journaux : ils sont unanimes à sentir le public se dégra-
der, sa curiosité se pervertir. Leur témoignage ne peut être dédaigné. Ils sont à l'égard du public comme le cavalier qui a la longue
habitude d'une monture et qui la sent mollir, défaillir sous sa main
et entre ses jambes.

Il ne faut voir là, me direz-vous, qu'un pur caprice de l'esprit
français, capricieux, comme chacun sait ; une de ces phases auxquelles il est sujet, qui tiennent au tempérament de la race et non
aux institutions.

Cette explication me satisfait peu. L'esprit doit baisser dans un
pays qui a pris longtemps une part active à ses affaires et qui ne l'a
plus au même degré. Il doit baisser pour causes politiques, et voici
comment : ou vous ne pensez plus rien sur la chose publique, la te-
nant pour étrangère : ou vous n'osez plus dire ce que vous en pensez : ou vous le dites par voie d'allusions, d'épigrammes voilées. Or
rien de tout cela n'est viril, et cet exercice ou cette inertie de l'esprit
lui est désastreux.

Pour serrer la chose de plus près, supposez une nation où le gouvernement exerce une action décisive sur le choix des mandataires
nationaux, où il avoue et pratique de toute sa puissance un système
de candidatures officielles, l'effet en sera sensible sur l'esprit politique du pays. Voilà du coup dix mille personnes peut-être, candidats nés pour le contrôle public ou local, qui n'ont désormais nuls
soins à prendre, nuls efforts, nulles preuves à faire pour mériter
leur élection. Tout se borne et se simplifie pour elles ; il ne s'agit
plus que d'une visite à faire au préfet.

Étonnez-vous donc après cela que l'esprit d'un pays décline, et tourne aux petites choses ! Les grandes dont il avait l'habitude lui étant défendues, il s'en abstient. Au fait, pourquoi persister dans des voies qui n'ont plus d'issue, dans des études sans avenir et sans fruits ? Tout le monde y perd : et le gouvernement autant que la nation, quand il est capable d'autre chose que d'une politique électorale, quand il peut montrer telle grande chose de sa façon, la victoire rajeunie, le drapeau illustré, une revanche de Waterloo : *Non mortui laudabunt te...*

Que l'esprit baisse en ce pays, cela est de la dernière gravité : car la France vaut surtout par l'esprit. Telle autre nation, telle autre race a pour elle les dons du caractère, une volonté énergique et indomptable, l'acharnement du boxeur qui, douze fois renversé, se relève autant de fois et triomphe à la dernière : cette nation persévère à tout prix, entreprend de toutes parts : à force d'oser et de s'obstiner, elle a fait fortune. Ces Anglo-Saxons excellent à coloniser, à pulluler, à défricher : s'il ne s'agissait que de couvrir la terre de moissons et d'habitants, ils s'acquitteraient à eux seuls du progrès universel. Quant à la France, elle a le discernement sur les hauteurs, l'aptitude aux grandes fins, l'exploitation en quelque sorte de la conscience humaine pour en faire sortir ce qu'elle contient et le proposer au monde. Son idéal est sans bornes, pas moins que la poursuite et le cumul du bien, du beau, du vrai, de l'utile ; et l'on ne peut pas dire ici que les facultés manquent à l'ambition. Elles ont quelque chose, dans leur abondance et leur généalogie, de ce qu'on découvre dans les lois de la nature. La science aujourd'hui semble dire que la lumière est chaleur, et que la chaleur est force. Or, l'histoire nous raconte un esprit français tout semblable à ce cosmos, un esprit dont la clarté fait l'ardeur et dont l'ardeur fait le prosélytisme, la propagande à main armée.

La France est douée de telle façon qu'avec des souffrances et des fautes, comme on en voit peu, elle triomphe de ses ruines, elle triomphe même de ses remords ; rien ne lui pèse de sa douloureuse histoire ; elle marche à l'avenir par une force, par une lumière intime qui reparaît, après ses éclipses, plus rayonnante que jamais ? c'est le miracle de l'esprit. Ce don y fut toujours cultivé, fécondé à souhait, — non, pour le dire en passant, par l'enseignement primaire, mais par celui des lettres que le clergé répandait à profusion et gratis, pour ainsi dire : on pourrait citer à ce propos l'observation d'Adam Smith, et l'aveu officiel de M. Villemain. — A certaines époques, les fruits de cette culture sont prodigieux. Comme la France s'est passée des

émigrés! de l'Université! de l'Église! des Parlements! Singulière
aventure d'un peuple qui voit disparaître tout à coup, pour une cause
ou pour une autre, tout ce qui était en possession de l'administrer,
de le juger, de le réglementer, de le mener aux combats de terre
et de mer, qui perd enfin toutes les anciennes forces, et cela dans un
temps où toutes ses forces n'eussent pas été de trop contre l'Europe
coalisée! On dirait un peuple décapité! Comment va-t-il vivre en
cet état? Rien n'est plus simple. Fouillant en lui-même, il y trouve
de quoi suppléer partout à cette disparition, à cette destruction.
Le Roi est mort! vive le Roi! criait l'ancienne monarchie. Cela, par
parenthèse, est du plus grand souffle, c'est la foi et l'audace, c'est
le commandement d'*en avant*, confus et enveloppé! Seulement, ce
n'est pas la royauté qui est immortelle (on le lui fit bien voir), c'est
l'âme, surtout l'âme de la France. Au premier appel de la révolution, les organes lui repoussent complets et vigoureux : juges, en-
seignements, officiers, reparaissent de toutes parts, et jusqu'à des
marins. Un historien anglais, le biographe de lord Howe, a porté
témoignage de cette survivance inépuisable. Racontant la bataille
navale où périt *le Vengeur* : *les Français*, dit-il, *ne s'étaient jamais
mieux battus auparavant, et ne se battirent jamais si bien après; et ils
étaient bien commandés aussi (well officered also).*

Il est fort naturel que les qualités d'esprit paraissent au fait et au
prendre : *Ce que l'on conçoit bien s'énonce clairement*, a dit Boileau.
J'ajoute que les actes comme les mots répondent de tout point à
l'éclat et à l'entraînement de la pensée française. Comme ce pays
conçoit avec netteté, il organise avec puissance, il exécute avec succès et contagion. Du haut de ses qualités, et malgré ses lacunes, il
répare tout, supplée à tout. Les pertes, les désastres, les crises ne
peuvent détruire cette fécondité intarissable, cette richesse qui renaît
de toutes les ruines. *Divitias vincere nequeunt.* Telle est la vitalité française, que ni revers, ni travers ne peuvent l'éteindre. D'autres peuples languissent sous leurs malheurs, sous leurs crimes. Voyez l'Allemagne après la guerre de Trente ans, arriérée d'un siècle, suivant
l'estime de Frédéric le Grand, par tout ce qu'elle y avait souffert et
perdu! tandis que la France, en quelques années de Henri IV et de
Sully, réparait ses guerres de religion, plus longues et non moins des-
tructives, avec la sève de convalescence la plus juvénile. Voyez l'Espagne, et ce qui lui en coûta pour avoir traité, comme on sait, les
hérétiques et les Maures. Il n'est pas clair qu'elle s'en soit relevée :
Depuis un siècle, dit le général Foy, *pas une idée, pas une découverte,*

pas une impulsion ne venait du côté des Pyrénées... Et pourtant il n'y avait plus de Pyrénées !

Il faut voir maintenant d'où vient cet esprit français : de la race, à coup sûr, et de ses dons innés, mais aussi des institutions qui l'entretinrent, qui lui ouvrirent la carrière. Quand je dis que l'esprit baisse en France et qu'il baisse faute d'une liberté suffisante, j'ai par devers moi le passé, qui m'autorise à porter ce jugement : un passé où l'esprit eut toute sa grandeur dans des existences, dans des castes qui avaient leur fierté. *A priori* ne serait-il pas étrange que des institutions purement vicieuses et oppressives eussent développé ou même simplement permis en France cet essor intellectuel qui remplit notre histoire ? Celles du passé n'avaient pas parmi nous un caractère aussi absolu. Je ne crois pas commettre un paradoxe ; j'oserai dire que ce qu'il y a d'esprit en France vient de la liberté, non pas sans doute de celle que nous concevons et réclamons aujourd'hui, mais de celle qui suffisait au moyen âge. Elle n'était pas pour tous, elle était un privilége, uniquement pour la noblesse, l'Église, et plus tard pour quelques autres corps, locaux, judiciaires, enseignants. C'était la façon alors d'entendre le droit ; mais il n'en fallait pas plus pour entretenir debout, au sommet de la société, certains hommes, certaines classes, avec un très-haut sentiment d'elle-même. C'est ainsi que l'esprit vient aux sociétés, et c'est de là qu'il s'y répand. Il est certain que quelque chose durait encore de ces institutions au dix-septième siècle, à cette date de l'esprit humain où l'esprit français eut son épanouissement. Soyez justes, et vous reconnaîtrez que la noblesse, que l'Église, eurent leur bonne part de cette efflorescence. Ce fut un de leurs priviléges ; *les précieuses de l'hôtel de Rambouillet* étaient assurément des personnes de qualité. Ainsi l'intelligence eut toute sa splendeur là où étaient le droit et la dignité, tels qu'on les entendait alors, c'est-à-dire parmi les castes. D'où il me semble permis de tirer cet enseignement : si la nation, qui aujourd'hui est au droit des castes, n'a pas pour être grande ce qu'avaient les castes, elle déclinera intellectuellement. Voilà des preuves, s'il vous en faut, de ce qui est évident par soi-même, c'est-à-dire d'une certaine liaison entre le développement de l'intelligence et le sentiment de la dignité humaine.

Il faut prévoir ici quelques objections :

Que voulez-vous ? me dira-t-on, si l'esprit baisse parmi nous ou plutôt s'il change d'allure et d'objet, c'est que la tradition du siècle dernier est à bout. Il y a des choses qui s'épuisent. Rien n'est pas-

sager comme les modes, les engouements ; celui de nos pères pour
la littérature durait depuis deux siècles et plus, c'est bien assez. Le
grand mal que nous soyons quittes du bel esprit, et que le temps
soit passé des petits vers, des parallèles, des portraits, des bouquets
à Chloris, où excellait le dix-huitième siècle ! Regrettez-vous par hasard ces antiques fleurs de boudoirs? L'émigration, Rivarol en tête,
les a emportés avec elle, et les a semées à travers l'Europe ; qu'elles
y restent, qu'elles aillent en paix avec les vers de Delille, la critique de la Harpe, l'éloquence de Thomas et de Raynal ! Trouvez-vous
donc qu'il n'y a pas eu assez de sophismes, assez d'emphase, avant
et depuis la Révolution ? on dirait, à vous entendre, que le madrigal
fait partie des principes de 89, et que Marivaux est l'ancêtre nécessaire d'un Mirabeau.

Je dois dire que je n'ai entendu cette tirade nulle part, et que
personne encore n'a fait ainsi le procès à l'esprit du dix-huitième
siècle ; mais il faut songer à tout, et, quand on prévoit l'iniquité d'un
jugement, il faut y répondre, ce que l'on pourrait faire en ces termes
ou à peu près :

Non, je ne regrette pas l'excès, le ridicule dans ce passé d'où nous
sortons ; mais laissez-moi regretter la noblesse de goûts, l'élévation
et la culture intellectuelle, qui distinguaient cette époque, maniérée
quelquefois, mais ardente et sensible aux grandes choses. C'était
l'ancien régime, j'en tombe d'accord ; mais il admirait et reconnais-
sait l'esprit partout, même dans la lourdeur de certains sujets, même
dans la roture et l'humilité des écrivains. Si Paris est l'endroit du
monde où l'on sait le meilleur gré aux gens de leur esprit, sachez
bien que cette tradition est de l'ancien régime, dont les préjugés, il
faut croire, entendaient raison.

En ce temps-là vous pouviez parler du *commerce des blés*, comme
Galiani : vous pouviez être un enfant trouvé, ou même un fils de
coutelier, sans que cela fût d'aucune conséquence, d'aucun obstacle ;
l'art et le talent sauvaient tout : on estimait les gens d'esprit, les
choses d'esprit, on courait aux plaisirs de l'esprit. Cela valait mieux,
à tout prendre, que de hanter la Bourse et les coulisses, de quêter
des places, de dormir au sermon. Cette époque avait cet avantage
sur nous, que chacun alors inventait son esprit, ses jugements, ses
mots. On n'avait garde de les redire, de les prendre tout faits par
d'infiniment petits littérateurs, par des comtesses de lansquenet,
comme on disait autrefois, ou par des représentants du commerce,
comme on dit aujourd'hui.

Il n'y avait pas alors les lieux communs de l'esprit, je ne sais quel gros sel colporté par tout le monde : une facétie désolante. Le baron de Bezenval, arrêté en 89, gardé à vue par des jeunes gens de la basoche, raconte la chose dans ses Mémoires : *C'était*, dit-il, *des garçons pleins de drôlerie et d'originalité.* Il avait vu cela ailleurs, il le retrouvait là, et il savait en convenir. Si la haute société avait quelque apprêt, quelque mièvrerie dans ses fleurs de conversation, au moins elle les apprêtait elle même, elle avait de l'artificiel plutôt que du banal et de l'emprunté. Les vaudevilles de Favart étaient alors en grande faveur ; mais croyez-vous que le siècle dernier se bornât à cet esprit, qu'il en fît ses délices et son unique entretien ?

Non vraiment, si la foire avait ses traiteaux, si Nicolet avait ses charges, l'écho n'en était pas partout, comme il l'est aujourd'hui, de certaines bouffonneries mal nées et parvenues. J'aimerais bien qu'on me fît ici une prosopopée, qu'on évoquât l'ombre de Voltaire, de Diderot, de Galiani, et qu'on leur montrât quelque échantillon de l'esprit qui court aujourd'hui les salons, les ateliers, les cafés-concerts ; car c'est le même partout, il n'y en a qu'un aujourd'hui pour le peuple français, peuple de frères. Les voyez-vous ces grands moqueurs, éperdus, consternés ! C'est qu'ils avaient une toute autre façon d'entendre l'esprit. C'était pour eux l'expression pittoresque d'une idée juste, l'expression grotesque imposée à l'idée fausse, l'arme offensive de la raison, la logique cuisante du ridicule, la morsure et la caricature au profit du droit, tout autre chose qu'un effet de mots, qu'une surprise d'oreilles, qu'un argot convenu en mauvais ou en bas lieu dont il n'aurait jamais dû sortir.

Sous le ridicule dont cette société n'était pas exempte, il y avait une force qui se cultivait, une curiosité sérieuse autant que vive, un ressort qui fit bien voir plus tard de quoi il était capable. A cette époque où l'on soupait, mais où l'on faisait l'*Esprit des lois*, tout n'était pas conversation oiseuse et bel esprit pur. On agitait de grandes questions, et l'on allait jusqu'à conclure ; le temps approchait où l'on conclurait à l'action, ainsi qu'il appartient à cette fine lame de l'esprit français. En attendant mieux, il s'exerçait, se trempait fortement, sous cette grâce des apparences. Une académie de province ayant mis au concours une question telle que l'extinction de la mendicité, il lui arriva soixante et dix-sept mémoires. J'ai sous les yeux le livre curieux où se trouve l'abrégé de ces mémoires, dont tel contient des vues fort analogues à celles de Fourier. Et c'était l'académie de Châlons-sur-Marne ! et le socialisme n'était pas né !

Un célèbre avocat de cette époque a laissé une correspondance
volumineuse, entretenue avec tous les barreaux de la France. On y
trouve de tout, me disait le petit-fils de Target, excepté des questions
d'affaires et de procès. La grande affaire de ces légistes, le principal
objet de ces lettres est tout littéraire : ce sont des questions ou des
jugements sur les livres, sur les auteurs, sur les académies.

Encore une fois, il ne faut pas croire que tout cela fût frivole et
infructueux. On le vit bien en 89, à cette Assemblée constituante
qui pas plus qu'une autre ne sut fonder un gouvernement, mais qui
réforma la société. Ce n'est pas en vain que la France avait fait œuvre
d'esprit, assidue et universelle. Toute réflexion faite, elle tira d'elle-
même, au premier appel, une assemblée, une élite où se firent des
lois fameuses dont nous vivons encore, dans l'ordre administratif,
judiciaire, fiscal. La grande époque réglementaire n'est pas le Consulat, quoi qu'on en pense, c'est l'Assemblée constituante. Le Code
civil n'est pas le fait de cette assemblée : toutefois j'en veux parler
pour montrer tout ce que valait la France, non-seulement à ses hauteurs privilégiées et parmi les classes douées de loisirs, mais partout, et parmi ceux-là mêmes qui avaient un métier, sans que ce
métier fût une borne et les dérobât à l'impulsion généreuse de leur
temps. Le Code civil fut fait, non par des légistes tels que le président de Montesquieu, le président Hénault, l'avocat Linguet, le conseiller Duport, mais par des gens d'affaires, par des praticiens qui
n'en eurent pas moins assez de méthode, de philosophie et de style
pour mener à bien cette chimère de Montesquieu, cette épopée du
droit français. Tels étaient les dons de cette époque, dans leur diffusion et dans leur éminence, que l'idée proprement dite s'y faisait
jour partout, ne faisait défaut nulle part, et répondait *adsum* pour peu
qu'elle fût touchée, interpellée. Jamais l'esprit d'une race n'apparut
si clairement sous les traits qui en font la distinction et la grandeur.

Un siècle ne tient pas toujours dans son millésime. Le siècle dernier a vécu, s'est prolongé jusqu'à nos jours par la force ou par la
grâce de ses traditions, quelquefois par la longévité de ses produits.
Nous l'avons vu s'éteindre dans ses derniers représentants. Qui ne
les a rencontrés dans sa jeunesse ces gracieux débris d'une autre
époque, aux cheveux blancs et à l'esprit leste, parvenus à la dignité
de l'âge, qui dataient des prisons de la Conciergerie, qui lisaient
Molière dans la retraite de Moscou ? Tel d'entre eux avait connu
Champcenetz, qui promettait pourboire au cocher de la guillotine.
Il y a plaisir à se les rappeler, quittant un salon après une dernière

saillie, ne prenant congé que sur un bon mot final. Quelquefois même c'est ainsi qu'ils sortaient de la vie. Vous m'avouerez que cela commence à être grand !

Les étrangers sont plus lourds qu'ils ne croient à parler, à médire comme ils font de cette légèreté française. Il faut voir ce qu'elle cache, légère ou non, ce qu'elle domine et le poids qu'elle soulève. C'est un ressort, et des mieux trempés ; un atticisme qui touche quelquefois au stoïcisme. Vous me direz que le dix-huitième siècle était plein de déclamation. Je ne sais : à voir comme il supporta sur ses fins tant de nouveautés désolantes, une telle déroute des habitudes et des fortunes, je croirais plutôt qu'il n'avait jamais déclamé, qu'il y avait alors une juste proportion entre les mots et les idées, et que les plus grands ne l'étaient pas trop pour la pensée française de cette époque.

Cet esprit de la France, la monarchie parlementaire en hérita et s'en empara. Rien n'était plus propre à le développer sous un nouvel aspect. A ce souffle que nous apporta la Restauration, dans cette carrière d'un peuple qui se gouverne lui-même, il se transforma, se virilisa et tout à coup éclata en orateurs, en historiens, en philosophes de l'histoire et même en poëtes. J'allais dire que cette impulsion était nécessaire au sortir de la période impériale ; que l'Empire n'avait rien formé, rien inspiré, pas même des généraux ; qu'un homme, en se substituant à une nation, la frappe de stérilité. Mais, toute réflexion faite, cela serait faux et vulgaire. Si l'Empire n'eut pas grande littérature de son vivant, il en laissa du moins le sujet et l'inspiration, qui paraîtra quelque jour. Il fit retentir le nom de la France, ce qui est matière épique, lyrique, tragique surtout, ce qui est même pour un peuple une raison d'être libre, le menant par le sentiment de sa grandeur ou par celui de ses désastres au besoin de s'appartenir. Tel fut ce pays, en 1814, trop grand, trop éprouvé pour tenir dans la main d'un homme, soit celle d'un Bonaparte, qui s'ouvrit alors pour l'acte additionnel, soit celle des antiques Bourbons.

Comment après cela se passerait-on de liberté en France ? La gloire usée, les grands spectacles finis et quelquefois sifflés, de quoi vivrait ce pays ? de controverse économique, de gestions locales, d'affaires et d'émulations industrielles ? Allons donc ! cela ne suffit pas. Sa proie légitime, c'est la chose publique avec ses énigmes et ses défis. On ne vit pas à moins dans notre siècle et dans nos pays d'Occident. Aux exercices, aux passe-temps qu'on vient de voir vous ajouteriez la dis-

pute religieuse, que cela ne serait pas assez. L'Allemagne en est une
preuve. Ce n'est pas la *christologie* qui lui a manqué, ni l'*exégèse* bi-
blique ; mais il ne paraît pas que cela suffise pour faire figure parmi
les peuples, pour conduire les affaires et les idées du monde.

Il ne faut donc pas dire que l'esprit de la France s'est surmené,
s'est épuisé, et qu'il entre à cette heure dans une phase de repos naturelle. Ce qui est naturel parmi nous, c'est la fonction de l'esprit, si
haut qu'il peut monter. En tout cas, la liberté politique l'avait renou-
velé, l'avait entretenu en force et en ardeur jusqu'à ce jour.

Mais cela n'est pas clair pour tout le monde, et tel admirateur du
temps actuel me tiendra peut-être ce langage :

Je ne suis pas chargé d'expliquer pourquoi l'esprit baisse en France,
et franchement je ne suis pas même convaincu de la chose. Mais à
coup sûr, cela ne peut avoir lieu pour une raison politique qui serait
que le pays est destitué de tout pouvoir sur lui-même, et n'a plus ce
grand exercice de ses facultés, qui consiste dans le gouvernement.
Regardez-y de plus près : rien n'est réel comme le concours de la
France au gouvernement. Le droit d'élection est partout : que voulez-
vous de plus ? et le droit de l'élu est non-seulement de parler, de s'expliquer à titre consultatif et de remontrance, comme les notables
devant Richelieu, mais de voter les lois, l'impôt, le recrutement. Que
voulez-vous de mieux ? Le jour où le pays voudra des députés indé-
pendants, il les aura ; car le suffrage universel n'est pas un suffrage
qu'on intimide ou qu'on corrompe comme celui d'une classe électorale. Et le jour où ces députés voudront soit interdire, soit prescrire
au gouvernement telles mesures ou telles personnes, ils le pourront ;
car ils peuvent refuser la vie au gouvernement, c'est-à-dire le bud-
get et l'armée. Songez donc à la croissance naturelle des pouvoirs
électifs, de ceux-là surtout dont le mandat se retrempe, se renouvelle
périodiquement.

J'entends bien : vous me parlez là d'un pays qui peut imposer sa
volonté par ses représentants, au moyen d'un refus de concours pécuniaire, où telle est du moins la théorie des institutions. Mais il faudrait
deux choses pour que ceci devînt une vérité pratique : d'abord que ce pays
pût se former une volonté, ensuite qu'il pût nommer des représentants
capables de la faire prévaloir. Or ce pays a-t-il ce qu'il faut pour cela
d'information et de discussion permise ? A défaut de réunions libres
et sonores, a-t-il au moins des journaux, justiciables seulement de la
justice, soit pour lui proposer des candidats et des programmes politiques, soit pour résister aux candidats officiels et à l'abus des influen-

ces officielles ? Si cette source de l'élection est viciée, prenez bien garde que tout est vicié par là. Il ne faut plus parler de droit national, de concours et de contrôle publics. Illusions, apparences que tout cela ! Comme le gouvernement a dicté les choix du pays, il va dicter les votes des représentants, et l'on arrive ainsi à une hypothèse qui n'est pas moins que celle du pouvoir absolu.

Je prie bien le lecteur de retenir et de méditer ce trait final. Au début d'une controverse où il sera souvent question des délits et même des crimes de la presse, auxquels je crois parfaitement, il faut signaler cette conséquence d'un régime où la presse ne peut commettre ni crime ni délit.

Nous tenons ici le nœud de la situation : nous arrivons de ce pas au cœur même d'un débat qui trouve peu d'indifférents. Notez qu'il n'y en a pas d'autres : car dans le passé de la politique à laquelle nous assistons, le pays n'aperçoit peut-être que grandeur ou excuse : et l'avenir est un inconnu qui ne se préjuge pas, quand il est le secret d'un seul. Reste, pour le présent, ce grand article de la presse ; au fond, tout est là, uniquement là, entre la France et son gouvernement. — La France, dites-vous, a voulu ce gouvernement ; — mais aussi bien elle voudrait son franc parler, dont elle a quelque habitude, et je crois même qu'elle y tient absolument. Tel est, si je ne me trompe, le sens de certaines élections récentes. Quelques-uns y lisent que la France est éprise de liberté aujourd'hui comme elle l'était d'égalité il y a quatre-vingts ans. Rien n'est plus probable : ce pays intelligent pourrait bien avoir acquis cette idée, qui ne lui est peut-être pas naturelle et instinctive comme aux Anglo-Saxons : ce qu'on ne trouve pas en soi tout d'abord, on y parvient quelquefois, l'expérience aidant. En tout cas, cette interprétation concorde avec la nôtre, car, selon nous, la seule chose qui manque à ce pays pour être libre, c'est *la liberté de la presse*. Cela dit, qui n'est pas évident de soi-même, c'est peut-être le cas d'aller jusqu'au bout et d'étudier, d'instruire à fond une bonne fois, autant qu'on le pourra, cette grande cause de l'esprit français et de ses expressions nécessaires.

II

La question n'est pas neuve, elle est permanente en quelque sorte : on la traite partout et à tout propos, mais partiellement, incidem-

ment. Il n'est pas de jour que quelqu'un n'en dise quelque chose,
mais toujours une chose facile à prévoir, préconçue, inhérente à l'in-
terlocuteur et à ses préventions acquises d'homme de pouvoir ou
d'homme de parti, d'ouvrier officiel ou d'ouvrier intellectuel. Ce serait une nouveauté que de tout dire là-dessus et d'oublier ce qu'en
disent les partis, les salons, les antichambres, les journalistes, les
gouvernants; d'oublier surtout ce que soi-même on en pensait.

Dans cet esprit, il ne faut pas faire un acte de contrition, encore
moins un acte de foi, ce qui serait excessif; mais il faut reconnaître
qu'au sujet de la presse il y a question; que la chose est perplexe
et embarrassante dès qu'il s'agit, non de la plaider mais de la péné-
trer; que sur ce sujet rien n'est acquis, malgré une possession ancienne et féconde, mais aussi que rien n'est évident en face de faits
nouveaux tels que la révolution de Février et le suffrage universel.
La dernière chose à croire, c'est qu'une société comme la nôtre su-
birait patiemment une pure oppression, avantageuse et commode
seulement à qui la gouverne.

Laissons parler d'abord les adversaires de la presse. Ils ont en ceci
leur intérêt sans doute; mais il faut voir leurs raisons. Bien entendu
que l'unique objet de ce débat c'est le journal, le droit du journal,
et non celui des livres ou des brochures, qui ne se lamente pas. Or,
à l'égard du journal, amis ou ennemis peuvent poser ainsi la question : — Parler au public, composé comme l'on sait, et cela tous les
jours, au moyen d'une feuille imprimée, avec la faveur du bas prix,
sur un sujet tel que les hommes et les choses du gouvernement,
est-ce un droit naturel? — c'est-à-dire un de ces droits qu'on exerce
sans en demander la permission et sans en rendre compte à qui que
ce soit? Assurément, parler et écrire sont des droits naturels comme
de travailler, de prier, de s'éclairer la nuit, d'aller et venir : et nul
ne songe à gêner la parole ou l'écriture. Mais le journal est une
manière de parler et d'écrire toute particulière, *sui generis*, de même
que le gaz, la vapeur, l'atelier insalubre, la prédication publique, sont
des modes tout particuliers d'éclairage, de locomotion, de travail, de
prière, avec cette conséquence insigne et capitale qu'ils sont soumis à
des lois toutes particulières.

Soit, j'admets de tout point cette analogie ou plutôt le principe suprême de tout cela : *il n'y a pas de liberté*, comme on dit, *qui n'ait son
règlement*, parce qu'il n'y en a pas dont l'égoïsme individuel ne ferait
abus si elle était sans limites. Mais la conséquence à tirer de là est
uniquement que la presse doit être soumise à des lois et à des juges.

Rien dans ces prémisses ne justifie l'arbitraire, le bon plaisir administratif, comme la seule discipline qui convienne à la presse. Des lois et des juges, il y en a pour tous les cas, depuis le mur mitoyen jusqu'au parricide. C'est la manière bien connue de traiter et de conserver tout ce qui s'appelle droit parmi les hommes. Vous admettez peut-être que les hommes ont des droits, et dans les relations qu'ils entretiennent les uns avec les autres, et dans leurs relations avec l'État. Or, dès qu'il y a litige sur ces droits, n'est-ce pas chose élémentaire que ce litige doit être apprécié selon des règles fixes et prévues, — c'est-à-dire selon des lois, — et par des hommes institués par l'indépendance, — c'est-à-dire par des juges? Il faut être peau-rouge, oriental ou nomade, pour admettre le pouvoir de l'homme sur l'homme. Nous n'en sommes pas réduits, je suppose, à démontrer que la loi est préférable à l'arbitraire, — parce que la loi est l'*intelligence sans la passion*, comme dit Aristote, — et parce que l'arbitraire doué de génie *est un accident heureux*, comme disait un tzar, l'empereur Alexandre. — Demandons-nous seulement pourquoi la presse serait seule exclue du régime égal. Que les journaux aient un droit naturel ou un droit acquis, cela n'est d'aucune conséquence que vous puissiez invoquer contre eux. Naturel, ce droit devrait être absolument libre; acquis, il ne doit être soumis qu'à la justice: c'est tout ce qu'on demande pour eux.

Maintenant, prenez bien garde à l'objet d'un droit qui n'est pas moins que de contrôler les pouvoirs publics. Naturellement, ce droit périt, si vous le soumettez à ceux contre lesquels il est institué. Car alors ce n'est pas des juges qu'il rencontre, mais des ennemis, des étouffeurs. De sorte que si le régime légal n'existait pas, il faudrait l'inventer pour le salut d'un droit qui a paru longtemps nécessaire, et qui se réduit à rien en dehors de ce régime.

Non, dites-vous : pas de lois, pas de juges pour la presse, car alors la presse serait impunie. Ce n'est pas que les juges manqueraient à la répression, mais la répression manquerait son effet. Considérez que les méfaits du journal sont réputés simples délits, par où ils sont passibles de simples peines correctionnelles. Or, le parti qui est derrière le journal payera l'amende et payera même la prison subie par le gérant, ou de nos jours par le secrétaire de la rédaction. Comparez donc la fin que se propose un journal, laquelle n'est pas moins que de déplacer le pouvoir, aux peines dont il est menacé! Nulle proportion n'existe entre ces rigueurs et ces profits. Ce n'est pas pour si peu qu'il se détournera d'un but si grand, si rémunérateur. Vous voyez bien qu'il s'agit d'opter entre l'impunité des journaux ou leur sujétion administrative. C'est là que nous en sommes. Or, le gouvernement est le gardien de la société, et dans un pays où tout fait question, même la propriété, même la dynastie, le gouvernement ne peut livrer cette dispute à des journaux qui ne peuvent être réprimés. L'Angleterre a des journaux libres, mais qui ne touchent pas à ces questions, apaisées et résolues qu'elles sont à jamais. Parmi nous, au contraire...

Laissez-moi vous interrompre et vous dire que cette impunité, à défaut d'arbitraire, est une pure illusion. Les exemples pris de l'Angleterre, les leçons qui nous viennent de là, je ne les invoque ni ne les fuis. J'y ajouterai même, en leur lieu, les exemples et les analogies de la Russie, de l'Autriche, de la Turquie et du Mexique. Pour le moment, il faut répondre uniquement à ceci : Que les peines correctionnelles appliquées jusqu'à présent à la presse sont des peines trop faibles, inefficaces et disproportionnées à l'importance du délit. Si le fait est exact, vous ne pouvez en bonne logique que conclure à des peines plus fortes. Dites que la presse peut commettre des crimes, essayez contre les journaux des peines afflictives et infamantes, ressuscitez et appliquez les lois de septembre ; vous auriez là un avantage peu enviable sur le gouvernement qui avait fait ses lois dans un jour d'alarme, et qui n'alla pas plus loin que cette théorie. Mais ne dites pas que *le droit de contrôler le gouvernement doit avoir pour juge le gouvernement lui-même*. Franchement cela n'est pas même un sophisme.

Au surplus, il n'est pas nécessaire d'ériger en *crimes* les délits de la presse, pour les réprimer efficacement. L'impunité n'est pas inhérente à cette matière, tant qu'elle est réputée simple matière correctionnelle. C'est le contraire qu'il faut tenir pour vrai. La peine, et même la plus forte peine imaginable, est inhérente à tout procès de presse. Je veux parler de la saisie qui est le premier acte de toute poursuite : cette saisie, par où le journal n'arrive pas à son public, constitue la plus sensible des répressions contre un organe de publicité : et cette peine, qu'il y ait ou non acquittement, est encourue dès qu'il y a procès. Qu'importe en effet la mainlevée du journal saisi, quelques mois après le jour où il devait paraître ? Si le journal est dangereux par les idées qu'il peut répandre, si la peine est illusoire contre les idées dangereuses une fois répandues... voici une répression infaillible : car elle n'est pas moins qu'un obstacle insurmontable à la diffusion de ces idées, et il n'est pas besoin pour

cela que ces idées soient *condamnées* : il suffit qu'elles soient suspec-
tes et frappées de saisie à ce titre : tout danger, tout écho, tout incen-
die, tout venin disparaît du coup, et ce coup le gouvernement peut
le porter quand bon lui semble. Vous ne direz pas que ce gardien de
la paix publique soit sans armes, sans défense : le boute-feu vient à
lui (je veux parler du dépôt préalable de chaque journal), et il ne
tient qu'à lui de mettre le pied dessus. Que voulez-vous de mieux? Je
veux, dites-vous, un pouvoir absolu sur cette machine de guerre, sur
cet engin destructeur, un pouvoir d'intimidation et de suppression
suspendu sur ses œuvres, par où il se modère lui-même, et n'expose
pas le gouvernement à l'odieux d'une défense qui s'appelle une *poursuite*. Vous ne m'en ferez pas accroire avec votre théorie des droits individuels. Il n'y a rien d'individuel dans le journal : il y a une association latente, un parti armé, un gouvernement tout prêt. A ce titre le
journal constitue un cas suprême d'utilité publique. Peu importe que
le droit du journaliste y soit mêlé. Cela ne tranche pas la question
dans le sens d'une discipline légale, d'une répression judiciaire; car
le pouvoir exécutif est l'arbitre souverain de l'utilité publique : et,
dans cet office, quand il rencontre sur son chemin les droits individuels, c'est lui seul qui les reconnaît, qui les traite et les juge comme
il l'entend. Droit du contribuable, droit du conscrit, droit de l'expro-
prié, autant de droits individuels apparemment, et qui n'en sont pas
moins appréciés d'une manière souveraine ou par le gouvernement
lui-même, ou par des juges que le gouvernement peut révoquer.
Dans ces divers cas où l'intérêt public et le droit individuel sont
mêlés, cet intérêt est réputé supérieur à ce droit, de telle façon que le
gouvernement demeure juge exclusif de tout litige, de tout conflit ;
et cela est entendu de la sorte non-seulement par les principes, mais
par les lois même de 89.

On ne m'accusera pas de voiler ou d'affaiblir l'argumentation hos-
tile aux journaux : je la produis dans tout son jour, qui ne m'incommode nullement comme on va voir.

Oui, sans doute, il importe à la société, il lui importe comme la vie
même, que l'impôt, le conscrit, la route ne soient pas interceptés par
une décision judiciaire. Comme l'État est armé et crédité tous les ans
par un vote d'impôts et de soldats, il ne faut pas que, sous couleur
de répartition et sous prétexte de procès, quelque juge indépendant
puisse porter la main sur ces sources vitales. Il y a une liaison intime
entre la marche des services publics et le jugement du contentieux
dont ils peuvent être l'occasion. Ce jugement, l'État a bien fait de le

garder par-devers lui. Mais qu'y aurait-il de compromis dans les services publics et même dans la paix publique, si un droit, tel que de
commenter et de contrôler le gouvernement, jouissait des garanties
judiciaires ? En quoi le gouvernement serait-il désarmé, s'il avait
contre le journal les mêmes armes seulement que contre le conspirateur et l'insurgé? Il n'est guère croyable que dans la répartition de
l'impôt et du recrutement, l'État puisse être un juge inique. Mais à
l'égard des journaux, comment serait-il un juge quand il est partie,
victime, patient? Il est assisté d'ailleurs dans la répartition de l'impôt et du recrutement par les pouvoirs locaux électifs : mais à l'égard
de la presse, vous ne retrouverez rien de cette intervention, de cette
garantie. Enfin l'impôt, le recrutement, l'expropriation, ont toujours
été traités comme ils le sont aujourd'hui, sans qu'il y ait eu grand
dommage à cela, et nous sommes réduits aux conjectures sur le bien
qui aurait pu naître du traitement contraire. Il n'en est pas ainsi de
la presse : elle a connu un tout autre régime pendant de longues années, qui nous ont fait ce que nous sommes, ne vous déplaise, des
années fructueuses, où l'on a vu un inconcevable essor d'intelligence
et de richesse, et le point de départ, la fondation, en quelque sorte,
dans les lois, dans les idées, dans les mœurs, dans les personnes
même, de tout ce qui constitue et pousse encore aujourd'hui avec
tant de vigueur la société française. Oui, dans les personnes : regardez donc au sommet de cette société, vous n'y verrez que les produits, les élèves d'un temps où la France tout entière avait la parole;
et c'est ce qui fait, dans la plénitude de pouvoir dont ils jouissent,
leur modération relative, leur savoir-vivre politique : ils ont en eux,
ils ont pour eux les mœurs d'autrefois.

Ne quittons pas ce principe de l'utilité publique, dont on argu-
mente contre le journal; mais tirons-en toutes les conséquences,
celle-ci notamment que le journal doit être une chose jugée, et non
une chose administrée. Tout comme il importe que l'État ne soit pas
gêné par l'individu et par les droits individuels dans l'exécution
des services publics, de même il est précieux et indispensable que
l'individu ne soit pas gêné par l'État dans son contrôle de citoyen.

Dès que nous parlons de sociétés parvenues à l'âge d'homme, à la
vie politique, il faut y reconnaître apparemment le droit de se gouverner elles-mêmes. Ce droit elles ne peuvent l'exercer directement,
quand elles ne sont ni une cité grecque ni un canton suisse, pour
tenir sur un *forum*. Il suit de là que le pouvoir des sociétés sur
elles-mêmes consiste en deux fonctions ; l'une qui est de déléguer

le gouvernement, l'autre, qui est de contrôler ce gouvernement de
mandataires. Ainsi tout procède de la nation, le pouvoir exécutif
comme le législatif, et la nation a le droit de tout juger, et elle
n'aliène pas ce droit le jour où elle nomme des représentants
pour vérifier ou pour exécuter ce qui passe sa suffisance. La société
est le fond de tout : les pouvoirs en sortent par la délégation et en
relèvent pour le jugement. Où que vous preniez vos principes, dans
la raison pure, dans l'expérience française et étrangère, dans les
analogies du droit privé, la conclusion est la même : droit de tous,
droit inaliénable et permanent à connaître, à juger le gouvernement, droit qui subsiste, malgré le mandat, et sur la chose qui
est l'objet du mandat, et sur la personne qui en est le dépositaire.
Or, si ce droit est pour tous et de tous les jours, je vous défie bien
d'en trouver un autre exercice que le journal avec sa périodicité et
sa circulation ?

Maintenant vous aimeriez peut-être mieux user de principes plus
modestes et passer à un point de vue plus pratique ? Je le veux bien :
partons simplement du droit élémentaire qu'ont les citoyens de
nommer des représentants pour contrôler le pouvoir exécutif. Or
voici, dans cette simple donnée, la série de questions à résoudre :
qui jugera les représentants, si ce n'est le citoyen qui les a élus, qui
peut être appelé à les réélire, qui a certainement des comptes à
leur demander ? comment les jugera-t-il, si ce n'est dans leurs
rapports avec le pouvoir exécutif, ce qui implique une appréciation
nécessaire du gouvernement tout entier ? comment exercera-t-il ce
jugement, s'il n'est informé de la chose publique par un bulletin
qui lui en apporte chaque jour des nouvelles et des commentaires ?
Et, je vous le demande un peu, que vaudra ce bulletin, si le gérant de
la chose publique n'y laisse paraître que les faits et les jugements
qui sont à son avantage ou à l'honneur de l'assemblée dont il a dési-
gné les membres et pour ainsi dire imposé l'élection, en présence
de journaux silencieux ? Ici nous l'avons indiqué déjà, apparaît
l'hypothèse du pouvoir absolu..... et disparaît par cela même le
principe de l'utilité publique que vous invoquez contre la presse.
D'utilité publique, il n'y en a plus, parce qu'il n'y a plus de chose
publique, parce que la société ne s'appartient plus, mais appartient
à ses gouvernants, parce que le pouvoir devient une propriété,
une chose particulière, comme il l'était au moyen âge. Telle n'est
pas et telle ne sera jamais notre situation. Seulement j'éprouve, en
le poussant à ses conséquences extrêmes et hyperboliques, l'argu-

ment que je combats. Vous croyez en livrant le journal, assurer tel
grand intérêt de la chose publique! Mais vous ne faites que détruire
la matière, la substance même de la chose publique.

Et propter vitam vivendi perdere causas.

Dans une discussion moins grave, et si ce n'était la majesté du
lieu[1], on pourrait vous dire que vous vendez votre cheval pour ache-
ter du foin.

Si ces considérations ne vous contentent pas encore, s'il vous plaît
mieux de prendre les choses par le menu, rien n'est plus facile.
Dès qu'il s'agit de contrôle, on le rencontre partout avec la pluralité qui est un de ses caractères. En dehors même des pouvoirs politiques, dans la région des simples services publics, il n'est pas d'appareil bien réglé qui ne porte en soi cette fonction essentielle, qui
ne l'admette parmi ses rouages intestins. On cite volontiers pour son
bel ordre et ses combinaisons, ses sûretés, notre administration des
finances. Mais cette administration, encore qu'elle ait une Cour des
comptes au-dessus d'elle, a ses contrôles intimes et préalables,
qu'on trouve énumérés dans le Système financier de la France : contrôle du ministre des finances sur ses collègues, contrôle du payeur
du trésor sur la créance payée, contrôle surtout de la commission
fondée par l'ordonnance du 10 décembre 1823. C'est ce que M. d'Au-
diffret appelle le contrôle administratif de la comptabilité publique, et
qu'il estime nécessaire, encore qu'il y ait le contrôle judiciaire et le
contrôle législatif. Et tous nos services publics en sont là : les dépar-
ments sont pleins de contrôleurs. Concluez de là que le corps express-
sément chargé du contrôle politique n'exclut pas celui des citoyens.
A Londres, dit Montesquieu, un couvreur se fait apporter le journal sur les toits. Cette caricature est la vérité même et la pure
expression du droit en tout pays civilisé, qu'il ait ou qu'il n'ait pas
le suffrage universel.

Mais à ce compte, direz-vous, le journal est un pouvoir. Et ce pouvoir sera-t-il donc sans abus, sans excès? doit-il échapper lui-même
à tout contrôle? Peut-on supposer que, né de lui-même, sans mission et sans aveu, il demeurera sincère, infaillible? Je ne le pense
pas le moins du monde, et j'admets ou plutôt je réclame à son
égard des responsabilités, des répressions, tandis que les manda-

[1] Le lieu auquel on fait allusion est le Correspondant où cette brochure a paru,
à peu de chose près, en deux articles : nous éprouvons le besoin d'en remercier
hautement ce Recueil hospitalier et libéral.

taires réguliers de la nation jouissent d'une immunité judiciaire. Ainsi on reconnaît une différence capitale entre le contrôle délégué par les citoyens et le contrôle qu'ils retiennent par-devers eux sous forme de journaux : il me semble qu'on fait droit, par cette différence de traitement, à celle des origines et des garanties.

III

Non assurément, la presse n'est pas un sacerdoce ; mais elle est une publicité, un éclat, un scandale, qui fait reculer les méfaits et même les mauvaises intentions. Voulez-vous qu'un mur soit respecté? plantez-y une lanterne : cette précaution est plus sûre que celle de l'arrêté de police inscrit sur le mur. Quand les jugements sont publics, pourquoi n'en serait-il pas de même, la diplomatie réservée, du gouvernement tout entier? Cette garantie serait précieuse pour la société, dans des choses qui l'intéressent autrement que des procès. Or, comment aura lieu cette publicité de ce qui ne peut se passer sous les yeux du public, si ce n'est par la voie du journal?

Je vais plus loin. J'admets que la presse ne comporte pas une de ces discussions, une de ces contradictions lumineuses d'où jaillit la vérité ; je reconnais que chaque public a son journal, ou plutôt que chaque journal a son public, qui n'en lit pas d'autres. Mais la presse n'en rend pas moins des services précieux ; car il ne s'agit pas toujours de discuter. Il suffit quelquefois d'énoncer un fait, de montrer les choses, de dire simplement : voilà ce qui est. Les journaux, dans cet office, répandent un jour qui n'est pas de trop sur les choses du gouvernement, sur la conduite des fonctionnaires, si nombreux en ce pays et satisfaits d'eux-mêmes à si bon compte. Les journaux ne font peut-être pas un travail d'où se dégage la lumière ; mais ils sont la lumière même apportée ou imminente : une révélation ou une intimidation. On n'a pas d'idée du mal qu'ils empêchent : tout pouvoir est devant eux comme un juge de premier degré qui voudrait bien prévariquer, mais qui n'ose, parce qu'il sent au-dessus de lui un juge supérieur, prêt à signaler et à casser la sentence inique.

Si le journal, quand il devient commentaire et théorie, sera toujours dans la limite du vrai, s'il n'appuiera jamais que des mesures saines et honnêtes, s'il aura toujours cette polémique sincère et courtoise où l'on fait beau jeu, *fair play*, à ses adversaires, c'est un point où le doute est permis. Cependant le journal est nécessaire à l'éducation d'un pays. Parler politique aux hommes, leur en parler tous les jours, c'est faire plus de bien que de mal : 1° par l'élévation du sujet ; 2° par l'obligation où se trouvent les écrivains de voiler leurs motifs et de ne montrer que leurs prétextes : bien public, honneur, morale, etc. ; 3° par le goût naturel qu'ont les hommes pour la vérité dans les choses générales et distantes. — Ceci est le beau côté de la nature humaine, le côté qui reçoit et garde la lumière. Il en est de la politique comme du théâtre. Sur toutes ces planches, ce qui est noble et grand se fait acclamer. Dès que vous dressez des tréteaux, surtout en France, vous avez une école de beaux sentiments, un masque sonore, d'où partent les plus nobles maximes. Le rôle de l'hypocrisie est considérable dans la patrie et dans la famille, où la dissimulation des exemples, jointe à l'ostentation des préceptes, est un des ressorts du progrès moral. Appeler cela hypocrisie est peut-être une hyperbole : orateurs, écrivains, pédagogues, sont dupes de leur parole au moment où ils parlent. Ce mécanisme de docteurs pris au sérieux par leur auditoire, d'un public pensant ce que disent les journaux, est curieux à observer.

Ainsi les journaux n'ont pas le mérite peut-être de la discussion, mais celui d'un exposé de motifs où le cynisme des intérêts ne peut se donner carrière. Au surplus, quand vous me dites que les débats de la presse n'ont rien de contradictoire et de fécond ; quand vous ajoutez que le journal est comme un puissant avocat qui parle seul à des jurés ineptes, pour en conclure qu'il faut épargner au pays ce conseiller insidieux, ce principe de tout mal..., il y a lieu de relever dans ce langage deux légèretés : d'abord un oubli, ensuite une inconséquence. L'oubli est celui de ces communications supérieures, péremptoires, qui sont le droit de réponse et de défense réservé au gouvernement. Voilà, il faut en convenir, la contradiction restaurée de main de maître, avec ses mérites et ses effets probables. Quant à l'inconséquence, voici à quoi l'on fait allusion : il me semble que nous avons quelque chose comme la liberté d'enseignement, en ces termes du moins, que le clergé, que les ordres religieux, et tous les citoyens de toutes les opinions peuvent ouvrir des collèges, à la condition seulement d'une inspection exercée par l'État. Il va sans dire que cette inspection est illusoire, en ce qui regarde la matière et l'esprit de l'enseignement : Si telle maison enseigne les doctrines de l'Encyclique, l'État n'en saura rien ; maîtres et élèves n'iront pas s'en vanter aux inspecteurs. J'apprends même que ce droit d'inspec-

tion ne s'exerce pas. Or, entendons-nous bien : je n'affirme pas que
tel soit l'enseignement d'aucune école privée, et même je ne le crois
pas. Je ne critique pas non plus le régime où cet enseignement est
possible à toute rigueur. Rencontrant ici le nom de liberté, un échantillon de liberté, je m'arrête et je me borne à cette question : Si vous
ne craignez pas le jésuite pour l'enfant, pourquoi craindriez-vous
le journal pour l'homme du peuple?

IV

Dès qu'il n'est pas question de laisser la presse absolument libre,
il n'y a pas lieu de la craindre : il n'y a pas même lieu de déplorer
son imperfection, comme l'a fait un publiciste illustre.

J'avoue, dit Tocqueville, *que je ne porte point à la liberté de la
presse cet amour complet et instantané qu'on accorde aux choses
souverainement bonnes de leur nature.* — Mais est-il donc une chose
au monde digne d'un pareil amour? Il me semble qu'il n'y a rien
d'absolument bon, si ce n'est l'absolu, l'idéal, — dévouement, patriotisme, honneur, science, charité... — c'est-à-dire des abstrac-
tions : non que j'entende par là des chimères, je les tiens au contraire pour des lois qui nous obligent impérieusement. Mais *les lois*,
comme dit Montesquieu, *sont les rapports nécessaires des choses.*
Que si vous regardez aux choses elles-mêmes, aux réalités élémen-
taires qui composent la nature et la société humaine, il n'en est
aucune d'absolument bonne : pas même le travail qui peut devenir
usure et prêt sur gages : pas même la concurrence qui peut devenir
sophistication des produits : pas même l'instinct paternel qui, chaque
jour, peut livrer l'enfant à quatorze heures de travail manufacturier.
Les forces qui constituent la société sont nécessaires mais faillibles :
d'où il suit qu'elle n'en supprime aucune, et n'en laisse aucune
non plus sans règlement, sans discipline.

Remarquez que le Code pénal réprime des actes, mais ne supprime
aucune espèce d'activité. De ce que la langue humaine est capable
de mensonge, on a tiré cette unique conséquence qu'il convient de
faire certaines lois contre le mensonge. L'esprit n'est pas infaillible
et ne le devient pas à se faire journaliste. Cependant pourquoi l'esprit
et le journal seraient-ils seuls au monde à subir une compression
absolue? puisque l'esprit n'est plus un pouvoir comme il l'était autrefois sous une législation électorale qui croyait le reconnaître

à certaines conditions pécuniaires, puisque le pouvoir a passé au nombre, l'esprit, déchu de son privilége, devrait tout au moins avoir sa part de droit commun et ne répondre de ce qu'il fait, fût-ce un journal, que devant la loi.

Le journal, c'est l'homme et sa médiocrité bien connue dans une fonction réputée nécessaire, et là comme ailleurs il ne doit être ni indépendant ni asservi. — *Non*, dites-vous, *l'homme-journal n'est pas seulement médiocre, il est radicalement mauvais ; il n'a pris cette fonction que pour atteindre un but tout personnel d'ambition ou de cupidité ; il a contre lui une présomption naturelle de rouerie et de malfaisance.* — Laissez-moi vous demander à mon tour si l'homme officiel est meilleur, s'il n'a pas ses tentations qui le dépravent, si ces pasteurs des peuples n'ont pas été longtemps le loup qui les dévora, si l'éternel effort de l'humanité n'a pas toujours été de les combattre et de les réduire ? Pour en revenir à notre temps, quand la passion politique est dans un pays, elle y est partout, du haut en bas, avec les vices de l'humanité, qui veulent une presse contre le pouvoir et des lois contre la presse, mais qui ne veulent la mort d'aucun de ces pécheurs.

Ainsi le journal n'est ni plus ni moins qu'une certaine application à la chose publique de toute notre nature, de nos bonnes et de nos mauvaises qualités. Toutefois c'est ici que notre nature se relève et s'améliore, que la vérité a le plus de prises, justement parce qu'il s'agit de chose publique et non de chose personnelle où l'égoïsme est absolu. Mais il faut prendre du champ pour expliquer cela.

Quand vous ouvrez l'homme, deux choses y apparaissent tout d'abord, l'égoïsme et le sens moral : comme égoïste, l'homme est prévenu passionnément en faveur de lui-même, il se préfère à tout, et peutêtre ne faut-il pas moins que cette force de l'instinct pour la conservation de l'individu, pour décider à vivre les Esquimaux et les René, pour tenir le monde peuplé. Mais avec le sens moral, l'homme reconnaît une vérité supérieure et impersonnelle qui comprend le droit de ses semblables. Bien plus, il préfère quelquefois cette vérité à son intérêt, mais à deux conditions : d'une part, lorsque la vérité est d'une application distante et d'une obligation générale : d'autre part, lorsque son intérêt n'est pas actuel et immédiat.

Tout ceci devient clair dès qu'on pense au législateur. Voilà un homme de chair et d'os, un égoïste apparemment, très-capable néanmoins de faire des lois contre la banqueroute, contre les maisons de jeu, contre le divorce, qui le gêneront peut-être un jour, qui l'atteindront gravement dans ses intérêts : mais en attendant, la vérité de ces lois le frappe, le subjugue et conquiert son assentiment.

Demandez à un homme son concours pécuniaire pour fonder une école dans son village : peut-être le refusera-t-il. Mais proposez-lui une loi pour fonder des écoles au moyen de l'impôt, il votera cette loi comme législateur, il en imposera le vote comme électeur, comme citoyen, comme abonné de journaux, encore qu'il s'oblige ainsi à payer quelque jour un impôt égal ou supérieur peut-être à la souscription dont il s'est défendu. Néron qui brûlait Rome eût fait à coup sûr une loi contre les incendiaires, si quelque Papinien la lui eût proposée : et nul doute que don Juan, siégeant aux Cortès, n'eût été un gardien sévère de la morale publique. Telle est, à côté de notre égoïsme, notre morale : elle consiste (non pas uniquement, mais surtout) à reconnaître la vérité théorique avec cet effet pratique de laisser faire ou même de faire des lois pour imposer l'observance de cette vérité. C'est par là que l'homme est sociable et qu'il est citoyen, c'est-à-dire capable, non-seulement de vouloir et de subir des gouvernements contre son égoïsme, mais de constituer et d'exercer ce gouvernement.

Il est aisé de voir maintenant ce que vaut la libre parole en matière politique. Dès qu'on peut dire toutes choses sur ce grand sujet, on dit la vérité, entre autres : le goût naturel des hommes pour ce genre de vérité fait le reste. Ce goût détermine l'opinion publique, dès qu'elle peut s'éclairer et discuter comme fait le législateur. Si l'exercice du pouvoir est une exaltation de l'homme, avec une discussion libre, cet effet a lieu partout. L'homme ainsi fait n'est pas un ange, mais il n'est pas non plus un castor, un Hindou, un Chinois : il est progressif. Dans cette duplicité de son être, dans cet antagonisme apparent dont il est fait, il n'est pas prédestiné au mal, et l'on ne peut pas dire non plus qu'il soit équilibré pour l'inertie : il porte en lui un artifice qui donne le change à ses instincts égoïstes, qui le pousse au bien et lui ferme le retour. Malgré les misères de sa nature et de sa condition, il rencontre, chemin faisant, telle occasion où la vérité l'attire : cette occasion est celle du gouvernement, cette vérité est celle qui s'adresse aux choses d'ensemble et d'avenir social. A ce titre, s'il n'est pas parfait, il est perfectible, imposant à sa postérité, subissant peut-être lui-même quelque jour les lois meilleures que sa conscience lui a révélées, et que son égoïsme, une faculté du moment, a laissé passer, menacé qu'il était, mais non blessé sur l'heure.

Ainsi l'homme a une faculté pour le progrès, qui est le sens moral. Mais la carrière qu'il faut à cette faculté, c'est la législation, le gouvernement, ou tout au moins la libre discussion de ces choses, répandue sur tout un pays : il arrive alors que ce pays s'élève moralement par le même procédé qui élève les législateurs et les gouvernants. Remarquez bien que le progrès a lieu seulement où l'on discute, c'est-à-dire en Occident ; et que parmi les sociétés occidentales, le plus rapide appartient aux plus discuteuses dont nous avons fait partie jusqu'à présent. Et ce progrès n'a pas lieu seulement pour les mécanismes de pouvoir, pour la conduite des gouvernements. Ce n'est pas moins qu'un progrès universel, encore qu'il ait une origine purement politique. Les lois, par le sens implicite de leurs clauses, et surtout par leurs *exposés de motifs*, professent une morale qui descend dans les mœurs, appuyée sur le prestige de cet exemple et de cette propagande. De telle façon qu'une société s'améliore par les lois, les lois elles-mêmes s'améliorant par la discussion libre et publique, où la vérité est proposée à l'homme dans ces termes généraux et lointains qui lui en font sentir la valeur, sans lui en demander le prix. A cette hauteur, on peut bien dire que la politique a quelque chose de la religion, élevant les hommes au-dessus du sillon où ils passent leur vie, les appelant dans la sphère des idées générales et désintéressées. Elle est, à sa manière, une éducation, un spiritualisme, et l'on ne peut nier que le journal n'en soit la meilleure forme, peut-être même la seule diffusion possible.

Maintenant est-ce toujours la vérité que l'homme aperçoit, et dont il est touché dans les choses générales? Je ne l'affirmerai pas : c'est peut-être seulement son intérêt bien avisé ; mais peu importe, puisqu'il y a une liaison naturelle du juste et de l'utile. La nature a tellement ménagé les choses à notre usage, qu'elle nous laisse voir cette alliance dans l'ordre politique, nous attirant au bien de tous côtés, par l'utile qui en est l'effet, comme par le beau qui en est la splendeur. Ce mécanisme fait honneur à qui de droit, prodigieux parce qu'il est simple pour une fin aussi compliquée, que de faire vivre en paix, les livrant à eux-mêmes (ce qui est le cas du *self-government*), des êtres égoïstes, bornés et misérables. Mais encore faut-il qu'on s'explique, qu'on discute, pour reconnaître cette harmonie des intérêts et des consciences, pour monter à cette notion de l'utile où il se confond avec le juste.

En résumé, veut-on savoir ce que vaut la discussion politique? Il faut regarder les pays où l'on ne discute pas, et ceux où l'on discute ;

l'Occident, qui marche comme on sait, tandis qu'en Orient l'humanité sommeille, pétrifiée et figée sous des lois qui ne changent pas plus que les lois naturelles, les unes et les autres étant également réputées divines. Veut-on comprendre ce fait, il faut remonter un peu plus haut, à l'esprit humain : il faut savoir ce que vaut cet esprit, ou plutôt comment il acquiert toute sa valeur, et déploie toute sa lucidité morale. Il faut enfin regarder la France, son génie par où elle est sensible à la raison théorique, et son institution actuelle qui a mis le droit politique partout.

V

Si la parole politique est un besoin quelque part, c'est surtout dans cette race et dans cette société. Le journal y est un article de civilisation comme le gaz, la vapeur, l'électricité, la monnaie de papier, la poudre. C'est chose moderne que cette façon d'écrire et de parler politique ; or, cette chose, dans une société qui en a joui, ne peut pas plus s'abdiquer que le reste. Dire aux hommes : vous serez citoyens sans journaux, c'est leur dire : vous voyagerez sans la vapeur, vous commercerez sans la monnaie de papier, vous correspondrez sans la télégraphie. Pourquoi donc l'esprit, qui a ses besoins, n'en aurait-il pas la satisfaction selon le mode et les procédés du jour, tout aussi bien que les besoins de locomotion, d'éclairage, d'échange? Le journal est à la vie politique des peuples ce que l'emploi de certaines forces naturelles est à leur vie économique, je veux dire un appareil et un développement nécessaires. Renvoyer le monde aux communications fortuites, aux véhicules grossiers, qui jadis portaient la pensée d'un point à un autre, c'est comme si l'on nous ôtait le chemin de fer, la monnaie de papier, le télégraphe, avec cette parole consolante : il vous reste la poste, les écus, les messageries.

Si le journal tel que nous l'avons connu était une chose absolument mauvaise, c'est la première fois qu'on reconnaîtrait ce caractère à une des nouveautés les plus admises en toute société contemporaine. Ceci n'est pas tout à fait un argument, mais une considération que l'on soumet à l'expérience du lecteur. A-t-il connaissance d'une chose amenée par le temps, accueillie par les mœurs, établie au cœur même de nos usages et de notre vie, qui en ait été exclue tout à coup pour faire place soit au vide, soit à la chose ancienne et similaire? Les socié-

tés n'adoptent pas d'un jour à l'autre par une pure fantaisie tel usage,
tel procédé, tel aliment de corps ou d'esprit. Il n'y a que les modes
qui s'improvisent. Ce qui est venu pas à pas, ce qui date de Richelieu
comme le journal, et qui a flotté d'abord dans l'insignifiance et la
tolérance, pour prendre une forme arrêtée, une faveur considérable
et les caractères reconnus d'un droit, cette chose, dis-je, en ce dernier état, a pour elle une présomption de nécessité acquise, d'à-propos permanent. Elle a traversé cette épreuve du temps, cette diversité
des fortunes qui ne laisse passer que les choses robustes et viables. Le
journal actuel a succédé au *Mercure de France*, comme la vapeur aux
messageries, comme le gaz aux réverbères, comme le billet de ban-
que aux sacs d'écus ; toutes choses irrévocables, autant dire invio-
lables, dont les mérites, les inconvénients, les périls mêmes et les
poisons ont un avantage marqué sur l'ébauche ou sur le néant dont
elles ont pris la place. En tout cas, ce sont les formes, les organes en
quelque sorte de la vie moderne. Où en serions-nous si, ayant détruit
le passé qui vivait à sa façon, nous allions congédier le présent et les
nouvelles façons de vivre qui lui sont venues ? Une société serait au-
dessous de tout, qui n'aurait pas les biens modernes pour lui tenir lieu
des garanties d'autrefois. Songez donc que ces nouveautés de'toute
sorte ont remplacé, ont licencié à jamais les choses anciennes qui
avaient leur mérite, les services anciens dont il n'y a plus de trace ;
de telle façon qu'une de ces choses nouvelles disparaissant, le vide est
complet, la privation totale et quelquefois sans remède. Si quelque
mauvais génie faisait disparaître d'un coup de baguette la vapeur et le
gaz, nous n'aurions à subir que pour un temps l'inertie et l'obscurité ;
on verrait bientôt reparaître les postes et les lanternes. Mais, dans un
pays où les ordres et les castes ont disparu à jamais, où l'individu n'a
plus l'appui qu'il y trouvait jadis, où la presse, comme expression des
droits publics et individuels, a remplacé cette ancienne armure... la
presse abolie emporterait avec elle toute faculté, toute force indivi-
duelle. Il n'y a rien là d'imaginaire. Supposez quelque abus de pouvoir, une violence, une iniquité de fonctionnaires. Où ira le citoyen
lésé ? à qui se plaindra-t-il ? A ses concitoyens ? Mais il n'en peut réunir
que dix-neuf. Aux tribunaux ? Mais vous le savez, les tribunaux se ré-
cusent dès qu'il s'agit de fonctionnaire mis en cause, et renvoient le
plaignant au conseil d'État, en vertu de l'art. 75 de la Constitution de
l'an VIII, article immortel d'une de nos défuntes constitutions. Quant
aux ordres et aux castes, ils ont été brisés en 89, et les fragments n'en
valent rien contre l'État omnipotent qui s'est élevé sur leurs ruines. Je

vous prie bien de le remarquer, autrefois, c'était toute autre chose.

Je voudrais pour beaucoup qu'il me fût permis de rappeler ici un fait, une anecdote, un conte peut-être, qui ne marque pas mal la différence des temps où nous vivons et de ceux où il y avait des castes. Cette *illustration* se trouve dans un livre dont l'auteur, dont le titre surtout, ne font pas autorité en matière de droit public. Peu importe : on prend où on les trouve ses moyens de preuve, ses occasions de réfléchir ; le grain mis en lumière par la *poule aveugle* dont il est question dans le célèbre apologue de Lessing, n'en est pas moins du grain. Cela soit dit sans offenser Stendhal, dont voici l'anecdote, sans plus de préambule : Nous sommes aux environs de 1780, à l'Opéra, à la première représentation d'*Orphée*. Maître Pernot, procureur au Châtelet et gluckiste passionné, est aux meilleures places, parmi les plus brodés, les plus chamarrés. On allait lever le rideau, l'attente et le silence étaient partout, quand arrive un officier aux gardes, qui demande une place fort impérieusement, qui n'en trouve pas, qui s'emporte et se désespère, mais qui se ravise, apercevant maître Pernot et son habit noir. Il va droit à lui : Qui êtes-vous ? que faites-vous là ? — *Je suis M. Six-franc, mon envie de voir Orphée vaut bien la vôtre...* On rit ; mais notre officier, qui a reconnu son régiment dans les sentinelles du corridor, les appelle, leur fait signe, et on se met en devoir d'expulser maître Pernot. Le moyen de résister ! il cède à la force, mais sa protestation est bruyante, véhémente. *Il est officier du parlement ; on viole en sa personne les prérogatives et la dignité du parlement ; il portera plainte à Messieurs, il aura raison d'un affront fait à la compagnie tout entière.* Cette menace n'était pas vaine, pas plus que le parlement : il se plaignit, et avec tant de force, avec tant d'adresse, que le parlement prit fait et cause pour son officier et décréta de prise de corps l'officier aux gardes. Il y avait bien en ce temps-là quelque chose comme les évocations, les *committimus*, les abolitions de procédure ; mais ces grandes machines n'étaient pas de tous les jours, ne jouaient pas pour tout le monde, et l'officier aux gardes, homme de condition, je suppose, mais qui n'était pas duc d'Aiguillon, eut sur les bras une fort méchante affaire. Les castes, non moins que les chansons, tempéraient la monarchie d'autrefois.

Eh bien, aujourd'hui, pareille violence arrivant, pareille justice n'existerait pas. Savez-vous qui serait juge de la violence ? Un conseil de guerre. Comment, me direz-vous, un conseil de guerre pour prononcer sur des voies de fait commises à l'Opéra ! — Eh ! mon Dieu, oui ; le prévenu était à l'Opéra, mais il était sous le drapeau... C'est ainsi que l'entend une loi spéciale et judicieuse, comme il nous en reste bon nombre encore. On ne dit rien là qui ne soit fondé sur des textes et sur une jurisprudence qu'on pourrait étaler tout au long.

Mais le lecteur me dispensera peut-être de ce pédantisme ; seulement il me dira que tout a changé de nos jours, que les mœurs de 1780 ne sont pas les nôtres, qu'il ne faut pas regretter une justice inutile pour un scandale impossible et chimérique. C'était aussi mon sentiment, un jour que je contais l'anecdote de Stendhal à un homme d'esprit de mes amis : *Les lois et les garanties d'autrefois ont disparu, lui disais-je, mais aujourd'hui les mœurs en font l'effet. — Aujourd'hui, soit, me dit-il ; mais dans dix ans ?...* Je cherche encore ma réponse.

Ainsi les castes n'existent plus ; quant aux tribunaux, ils n'existent pas encore avec le pouvoir qu'il faudrait pour être juste envers et contre tous. Reste un pouvoir, un recours suprême, celui de l'opinion : mais encore faut-il le saisir, l'interpeller. Il n'y a que les journaux pour cela. Or comment les journaux feront-ils leur office s'il y va de leur existence ? De ceci rapprochez un peu ce qu'on a dit plus haut sur des élections faites sans journaux, sur le genre de pouvoir qui sort de ces élections, et vous entreverrez peut-être, si vous avez quelque souci des droits publics et individuels, que les uns et les autres seraient fort mal gardés par une presse administrée, par des journaux de tolérance.

Mais il nous reste à examiner si tel régime électoral, si telle révolution récente, ne s'élèvent pas contre cette conclusion ; si nous ne sommes pas dupe de quelque malentendu en ramenant à la question du journal presque toute la liberté française ; s'il n'y a pas autre chose que le journal pour constituer ou pour préparer le gouvernement du pays par lui-même ; si cette chose au contraire n'a pas à répondre de certains ébranlements dont on lui impute le crime et dont on appréhende la récidive.

VI

On a essayé de faire voir dans l'étude précédente ce que vaut la presse pour le salut des droits publics et individuels, comment rien n'est assuré si elle n'a une existence légale, et par quel biais la chose publique librement discutée élève et améliore les hommes : ils

cessent d'être égoïstes, dès qu'il s'agit de leurs semblables, dès qu'il
s'agit de l'avenir.

Mais suis-je bien sûr de ne pas céder sans le savoir à une habitude
et pour ainsi dire à un tic d'esprit, quand, parmi tant de droits qui
nous manquent et tant de droits que nous avons, je m'attache uniquement au journal? comme si ce qui nous manque n'était pas égal
ou même supérieur au journal, et comme si ce que nous avons ne
pouvait le remplacer? Est-il permis d'identifier, comme on vient de
le faire, les droits de la pensée et les droits du journal? La vie politique de la France et la liberté de la presse? Cela fait question peut-
être; une question à peser avec une certaine méfiance de soi-même.
Eh bien! plus j'y pense dans cet esprit, moins je me crois coupable
ici de quelque infatuation. Parmi les choses qui constituent un
peuple libre, le journal est celle qui a pris en France le plus de
faveur et de racines, bien plus que le vote électoral, quelquefois
négligé; celle qui s'accommode le mieux aux inégalités de condition,
d'esprit et de loisir; celle qui rend à ce pays les services les plus nécessaires, et, quoi qu'il en semble, les moins hasardeux; celle enfin
qui après le besoin d'ordre est peut-être le plus vivement senti de nos
besoins politiques. C'est à ces titres divers, et tout bien réfléchi, que
le journal m'attire, comme le droit dont rien ne peut tenir lieu et
qui pourrait à la rigueur tenir lieu des autres. Et savez-vous ce qui
m'en plaît? Ce n'est pas son excellence (que viendrait-il faire parmi
nous avec cette qualité?), c'est, au contraire, ce qu'il a de médiocre
par où il doit s'entendre avec les médiocrités dont est fait le public:
esprits bornés, ignorants, inattentifs ou distraits, tels surtout qu'ils
peuvent être dans cette condition des masses, innocentes de leur état
actuel et victimes du passé, mais enfin enchaînées au gagne-pain,
où il s'agit de vivre avant tout, où la politique pas plus que la religion ne peuvent obtenir ce septième jour disputé par le souci du travail et de la subsistance. J'admets volontiers qu'en France l'esprit
court les rues et les champs. Avec cela nous n'en sommes pas moins,
jusqu'à concurrence des neuf dixièmes, un peuple d'ouvriers ma-
nuels, où le loisir manque à la culture de cet esprit, qui cependant
a ses réveils, ses aspirations. Qu'allez-vous lui offrir? Des livres?
C'est trop long, trop cher, trop loin de la circonstance. Les céré-
monies religieuses d'une Église libre? Mais trouvez-en donc de
supérieures à celles de l'Église actuelle! Auriez-vous plus de confiance dans le prestige des théâtres libres, des réunions libres?
Vous ne vous trompez pas; mais je vous trouve à mon tour bien hardi,

et j'oserai émettre quelques soupçons sur ce qui se passera de léger, d'inattendu au sortir de ces réunions. Rien n'est moins évident que notre aptitude actuelle au club, essayé plusieurs fois, dans des temps bien capiteux, il est vrai. Il faudra, bien sûr que nous en venions quelque jour au *meeting*, les jours d'élection surtout. Mais il faut faire acception des races et des tempéraments : ce qui fut ailleurs le début et l'apprentissage de la liberté, n'en sera peut-être chez nous que le dernier fruit, le *couronnement.* Le journal, qui n'approfondit rien, qui n'allume rien, qui n'est pas cette éloquence populaire, où *les corps parlent au corps*, suivant l'expression de Buffon, qui touche et éclaire à bon marché les questions du moment, est peut-être le seul instrument capable d'initier et d'intéresser les masses à la chose publique, dont à certaine heure elles sont maîtresses et dont quelque notion peut-être, leur est nécessaire. Comment ! elles ont la force politique à certains jours, au point de nommer des représentants d'une portée de droits souveraine : et elles n'auraient pas tous les jours l'éducation préalable de cette force, sous forme d'un bulletin, pour les entretenir de la chose publique, des personnes publiques ! Le journal seul peut arriver aux masses, descendre et circuler parmi la sinuosité des conditions, répandant partout un certain aliment d'idées et de nouvelles, remplissant à souhait les rares instants de loisir, la faible dose d'attention qu'il rencontre sur son chemin.

Ce que la tribune a de plus sonore ne retentit pas, ne pénètre pas aussi loin que cette feuille imprimée, où chacun va chercher quand il peut et comme il peut son information de citoyen, et apprendre quelque chose par delà son métier, son champ, son pain.

Vous considérez le droit électoral, ce droit qui fonde la tribune, comme un droit naturel, puisque vous l'accordez à tous. Mais vous pourriez bien faire la même grâce au journal et à ses informations, à ses commentaires qui seuls peuvent éclairer l'exercice de ce droit. Prenez un paysan, un ouvrier : comment aurait-il la moindre idée de ce qu'il est appelé à faire aux élections politiques, si, n'ayant pas le droit de se réunir aux électeurs voisins et d'interroger les candidats, il n'a pas au moins la faculté d'entendre là-dessus un journal ? Comment saura-t-il qui vous êtes et la raison qu'il a de vous nommer, s'il n'y a personne pour lui écrire cela, que personne ne peut lui dire s'il n'a sous les yeux que la profession de foi du candidat affirmant ses propres mérites ? Je ne vois, pour justifier ici l'absence des journaux qu'une théorie bien hasardeuse, qui est de considérer le droit politique *comme la lumière qui éclaire tout Français venant au monde.*

Ainsi, il n'y a ni fantaisie, ni préjugé à revendiquer entre toutes la liberté du journal, comme plus nécessaire, plus imposée, plus obligatoire qu'aucun enseignement, primaire ou autre. Elle est ce qu'il nous faut, ni plus ni moins. Le club serait peut-être de trop aujourd'hui, le livre serait insuffisant, la prédication n'est que religieuse, le théâtre ne saurait être partout; mais le journal est un organe universel de vie politique, avec l'à-propos constant, avec le degré de chaleur, avec les proportions variables qui conviennent seules à notre société. D'autres pays pourraient s'en passer, qui ont le droit d'association et de réunion, qui parlent politique partout, même à table. D'autres, où la vie politique est encore à naître, ne sauraient qu'en faire. Mais à la France vous ne pouvez donner ni plus, qui serait trop, ni moins, qui ne serait pas assez, ni l'équivalent en libertés de détail, en menus droits, que ce pays ne prendra jamais pour la monnaie valable de ce droit sans pareil. Prenez bien garde à ce que nous sommes, à cette race où domina toujours un certain goût de théorie, où l'on vit toujours une certaine hauteur d'examen : on dit même qu'elle fait ses lois et ses révolutions avec des idées. Sur toutes choses, notamment sur les plus grandes, cet esprit de la France eut toujours son franc parler. Après cela, on affranchirait sous ses yeux la boucherie, la pharmacie, le courtage, les coalitions ouvrières, les sociétés commerciales ou même les gestions locales..., qu'elle ne prendrait pas le change et ne se payerait pas de cette indemnité! L'étrange idée (pour le dire en passant) que de proposer à la France, pour toute respiration, le souffle qui vient des communes! que de dresser des citoyens dans les localités, à l'école des vues larges, des sentiments généreux, des hautes combinaisons où les localités excellent !

Il n'y a donc ni caprice, ni infatuation à insister, comme l'on fait, sur ce besoin tout français de journaux qui s'appartiennent. Ce n'est pas prendre une institution libérale pour la liberté même : c'est reconnaître la liberté en son gîte et la revendiquer en son instrument vital. Si vous tenez pour la sujétion administrative des journaux, vous avouez, vous professez par cela même, que la France est faite pour abdiquer, pour se confier absolument à une dynastie, pour lui abandonner ses affaires et ses destinées, chacun se bornant au soin de ses intérêts et de ses plaisirs. Ceci n'est pas une chimère comme une autre. D'abord on ne dira pas qu'elle est brillante et gé-

néreuse ; une concession que l'on fait volontiers aux chimères. Ensuite, nous l'avons mise à l'essai : l'expérience en a été faite au dix-
septième siècle. Ce que le pays abandonna alors, ce ne fut pas le
journal, mais la caste et tout ce qu'elle avait encore de vie et de pouvoir. La chose ne fut jamais tentée en des conditions plus favorables
au pouvoir absolu, sous une série de grands rois et de grands mi ·
nistres. Toutefois, au siècle suivant, la grandeur avait disparu, le
despotisme restait, la Révolution éclata. Tel est le cours naturel des
choses et l'avortement nécessaire d'une exception, d'un monstre tel
que le pouvoir absolu en France.

A propos de ce tour d'esprit français dont nous parlions tout à
l'heure, qui goûte peu les traditions, qui prend plaisir aux théories,
qui cherche la cité nouvelle comme Colomb cherchait le nouveau
monde, sur la foi d'une idée..... peut-être n'êtes-vous pas fier d'être
Français ou du moins n'en êtes-vous pas heureux ; vous aimeriez
peut-être mieux un autre génie, une autre histoire avec des effets tels
qu'une dynastie et une hiérarchie assises sur la tradition, enracinées
dans le temps; le tout incontesté mais assoupli et progressif. J'admire
en ceci la sûreté de votre goût. Mais nous n'en sommes pas là. Nous
sommes mêmes dans des circonstances et dans des voies diamétrale-
ment contraires ? ce qui fait du journal, ainsi que nous allons le voir,
une machine nécessaire aux destinées politiques du pays.

En effet, comme le pays ne trouve pas sa lumière toute faite dans
le passé, il est bien obligé de la faire lui-même, de la chercher ailleurs, par voie de discussion et d'enquête. Or, ce n'est pas trop pour
cela du pays tout entier ajouté à son gouvernement, de l'opinion
ajoutée aux pouvoirs officiels et exprimée, comme elle peut l'être
au nom de tous, y compris la minorité, c'est-à-dire par la presse. Il
faut voir dans les journaux ce qui s'y trouve entre autres, c'est-à-
dire un ressort de gouvernement, un auxiliaire du législateur, un
contingent de faits et d'idées apporté au travail officiel. Ancillon, cet
homme d'État prussien, qui fait si bon marché des théories françaises
et libérales, insiste fortement dans son *Essai de politique et de philosophie*, sur ce mérite de la discussion publique. Insistons à notre
tour sur cette considération non moins capitale des *minorités*, dont
nous avons dit un mot tout à l'heure, qui ont leur droit apparemment, qui ont à coup sûr leur capacité, pour comprendre et
servir tous les droits. Aujourd'hui, que tout pouvoir, exécutif et législatif, procède du suffrage universel, voulez-vous une autre raison
que celle du plus fort, un contre-poids à la brutalité du nombre et

des chiffres? Laissez dire la presse. Le suffrage universel a cette
vertu ou ce vice d'exprimer infailliblement l'idée dominante d'un
pays et d'un moment : ce qui pourrait bien être le despotisme tantôt d'un homme, tantôt d'une classe, d'un intérêt. Mais si vous laissez dire la presse, vous avez quelque chance de mettre dans le gouvernement cette pluralité de vues qui est l'image des choses, la condition de l'équité, un obstacle à la tyrannie.

Savez-vous quelle était, il y a quatorze ans, la dernière idée du
peuple de Paris? L'idée du *gouvernement direct.* Pas de monarque,
pas de représentants : rien que des assemblées primaires pour voter
tous les actes de législation et de gouvernement, aussi bien que pour
nommer tous les fonctionnaires. Comme on se trouvait mal représenté, mal servi par des représentants, on en était venu à ce rêve du
peuple se gouvernant lui-même sans mandataires. Quel fond, quel
avenir couvait sous cette forme? je vous le laisse à penser ; nous aurions eu ce que M. Stuart Mill appelle une *législation de classe;* ce
mot est bien doux : je le prends, je le répète, pour son autorité seulement. Vous n'avez, pour en sonder la menace, qu'à vous repré-
senter la classe la plus nombreuse faisant la loi fiscale, stipulant
l'emploi de l'impôt à son profit exclusif, et rejetant sur les autres
classes la charge exclusive de l'impôt. Ceci est un exemple, une
hypothèse, pour montrer ce qui peut traverser la cervelle d'un
peuple souverain, et le service que rendraient les journaux en ex-
primant toutes les idées à côté de l'idée unique et absolue, dont
le suffrage universel livré à lui-même serait l'expression et peut-être
le triomphe.

Vous ne savez pas encore ce que c'est qu'un démagogue. Mirabeau
n'en était pas un : il avait raison. Mais notre société comporte éminemment ce personnage, et doit, à l'heure qu'il est, le recéler, le
couver quelque part. Tout arrive ; vous le verrez un jour ou l'autre
ce démagogue exemplaire, patricien comme les Gracques (la qualité ne gâte rien nulle part), ruiné comme César ou comme Catilina
(parlons toujours des anciens), versé dans nos lois et dans notre histoire comme Luther était théologien : éloquent, sanguin, apoplec-
tique, cela va s'en dire. Je note en passant que *démagogue* est un
néologisme de Bossuet sur Luther. Il prendra partout sa flamme et
ses raisons : dans la misère des masses qui en fait des sauvages:
dans le christianisme qui traite tous les hommes de frères : dans notre
institution qui les érige en souverains. Quelle foudre que cette antithèse du fait et du droit, des réalités les plus sombres et de l'idéal

le plus radieux, le plus promis ! C'est à mettre le feu partout. Il n'aurait pas même besoin pour cela de copier Canuleius et Sicinius, des
tribuns recommandables qui ont laissé, Tite Live aidant, les plus beaux
mouvements connus de rage oratoire et plébéienne. Si cet homme,
armé de la sorte, est en outre sans conscience et sans droiture (l'hypothèse n'a rien d'excessif) il ne tient qu'à lui de secouer et d'ébranler à mort la société française, une société où tout le monde a régné,
où tous les gouvernements se sont essayés dans toutes les situations
imaginables, offensives ou défensives : telle, après cela, qu'il n'est
pas une mesure inique, violente, démesurée, spoliatrice dont le
germe et l'exemple ne se trouvent quelque part, dans des précédents
historiques, dans des lois non abrogées. Mais encore faut-il connaître
ces textes, ces précédents. Il m'est arrivé déjà ailleurs [1] de toucher ce
sujet avec plus de détails. Inutile d'y revenir. Après tout, je ne suis pas
chargé de dresser des démagogues. Seulement je ne voudrais pas
qu'on se rassurât au souvenir de 48 et de son impuissance démagogi-
que. Comment aurait-on abusé d'un droit si nouveau, d'un triomphe
si peu espéré ? Vainqueurs et vaincus, tout le monde fut surpris, personne n'était prêt. Chacun avait pris son parti du régime défunt, et
dans l'opposition comme dans le pouvoir avait trouvé sa place, son
importance, son avenir même. Pensant si peu à renouveler ce régime, comment se serait-on trouvé prêt à le remplacer ? Mais dai-
gnez bien remarquer ceci : le suffrage universel est l'occasion man-
quée en 48, occasion légale désormais, permanente, toujours ouverte... Je n'insiste pas, je briserais tout. J'aime mieux voir ce qui
peut balancer cette force nouvelle, la tenir en échec.

   Nul doute que la presse n'ait ici une grande fonction pour le bien
des minorités, pour l'équilibre social. Si j'en crois le passé, celui
même dont nous parlions tout à l'heure, cette confiance n'a rien
d'imaginaire : rappelez-vous seulement les services que la presse
rendit en 1848, et tout le ridicule qui tomba des journaux, même les
plus légers, les plus frondeurs par titre et par tempérament, sur les
théories énormes qui avaient cours à cette époque. Dire tout à un pays
est un immense mérite, quand ce pays est exposé par ses institutions
à la monomanie. Et ce mérite est celui des journaux libres, très-
capables par là de soustraire un peuple à l'idée unique dont il est
épris et qui dans cette condition d'unité, sera toujours injuste et
mauvaise.

----

[1] *La Liberté politique*, ch. IV, section 6.

Ainsi les journaux ont un titre nouveau et considérable, le service des minorités, service qui sous nos lois nouvelles leur semble exclusivement dévolu. Il faut voir le chemin que ces lois ont fait, et l'esprit qui leur est venu. Au siècle dernier la liberté politique, le droit national a été conçu et dirigé d'abord contre la cour et contre les priviléges de toutes sortes, c'est-à-dire contre la minorité.

Or, cette conception a prévalu, aujourd'hui que l'égalité devant la loi et même que l'égalité de pouvoir politique appartient à tous les Français. Bref, la majorité est sauve; mais ceci est le règne du nombre, le droit du plus fort. Comme il n'est pas clair que les intérêts et les vœux de la majorité soient l'équivalent du juste et du vrai, on s'est élevé à une conception plus haute, on a découvert que la souveraineté appartient à la raison. Or, quelle chance, quel recours aura cette souveraine, le jour où elle condamnera les prétentions de la majorité et donnera gain de cause aux résistances de la minorité? Je puis me faire illusion : mais, étant donné l'idéal qui attribue la souveraineté à la raison, et le fait, l'institution qui attribue à tous le pouvoir politique, il me semble que la partie essentielle et précieuse du droit national, c'est le droit des journaux, par cela seul qu'ils n'appartiennent pas nécessairement à la majorité. Voilà où nous en sommes, et l'on aperçoit tout d'abord à ce point de vue le rôle capital de la presse, sa part éminente et peut-être exclusive dans l'œuvre du contrôle public, alors que les pouvoirs constitués pour cela seront peut-être d'humeur à ne rien contrôler, mais à imposer brutalement la volonté des masses, ou à subir passivement celle de leur élu.

Oubliez à l'heure qu'il est ce que vous avez dit autrefois des minorités factieuses, toujours prêtes à troubler le pays légal avec leurs passions et leurs machines de guerre. Aujourd'hui c'est du côté des minorités que vous avez à regarder et à pourvoir. Leur droit, le plus menacé de tous, est le plus sacré.

Comme rien n'est simple en ce terrible sujet, vous allez peut-être me dire que la défense des minorités par le journal peut être offensive... ou bien que les majorités elles-mêmes peuvent ajouter le journal à leurs autres moyens d'action et d'oppression. Mais vous verrez au fond des choses et en dernière analyse — que la majorité prendra le droit de tout dire, si elle ne l'a ; qu'elle usurpera au besoin le privilége, le monopole du journal, si le journal ne fait pas partie du droit commun. — Quant aux minorités, comment pourraient-elles abuser du journal contre la majorité, celle-ci ayant pour

elle la force de ses votes, la force des lois émanées de ses mandataires, la force des. armes dont elle dispose? Les majorités n'ont
pas besoin de journaux pour vouloir et pour faire le mal, c'est-
à-dire leur bien exclusif, à tout prix : elles ont pour cela l'impulsion des instincts et l'instrument du suffrage universel. Mais les
minorités n'ont que les journaux pour résister et se défendre ; ce
qui toutefois ne peut mettre en péril les majorités, souveraines et
armées de toutes pièces, comme elles le sont aujourd'hui.

Il faut réserver le droit de tout dire : ce droit profitera surtout à
la justice, parce que nous avons une faculté pour la sentir, faculté
éminemment politique, en ce que son influence la plus certaine est
sur les sociétés, sur les lois, où elle se manifeste par un progrès in-
contestable ; mais nous avons vu cela en son lieu.

VII

Oserai-je dire que, par le temps qui court ou plutôt qui accourt,
le journal me représente, en sa qualité de chose intellectuelle, une
certaine sorte d'aristocratie. Au fait, comparez donc le journal aux
instincts du nombre qui sont matériels comme sa souffrance, aux
procédés du nombre qui sont la force, rien que la force, tantôt celle
des lois, qui commande, tantôt celle des armes, qui obéit. Le journal monte tout d'abord à une certaine hauteur d'estime, par cela
seul qu'il use quelquefois de raisons et d'éloquence, s'adressant à
l'entendement, à la conscience, à la sensibilité. L'esprit qu'il a ne
garantit pas sa moralité : mais celui qui manque ailleurs est-il
à cet égard une caution plus sûre? L'esprit a cet avantage de tout
voir, ce qui est une condition pour préférer le bien et le vrai. Quant
au nombre, il ne voit que lui-même, avec cette infirmité de se prendre pour un droit, quand il s'est compté. Nous avons connu un
temps où l'intelligence présumée fondait exclusivement le droit politique : le cens électoral n'avait pas d'autre base que cette présomption. Si l'intelligence a perdu ce privilége du pouvoir, au moins
devrait-elle conserver le droit de la parole.

Le journal invoqué comme une aristocratie, cela semble bizarre et
un peu paradoxal. Mais prenez bien garde que Tocqueville considé-
rait, il y a trente ans, l'élément légiste aux États-Unis comme un
frein à la démocratie, c'est-à-dire comme chose aristocratique. Or,

quelques années auparavant, en France, il n'était bruit que du dé-
bordement de la démocratie : et savez-vous par où on la voyait cou-
ler à pleins bords ? Par la fortune politique des légistes, par l'avénement des maximes et de l'esprit légistes. Tout un parti, sous la
Restauration, l'entendait ainsi : et, de fait, parmi ces électeurs à
trois cents francs qui régnaient alors, il ne pouvait voir la démocratie
ailleurs et plus bas. Tout est relatif, la démocratie aussi bien que la
vérité : *démocratie en deçà de l'Océan, aristocratie au delà.*

On prend l'aristocratie où on la trouve, où il en reste. Elle a péri
chez nous sous ses deux formes primitives, noblesse et clergé politique. A qui la faute? Que le passé les garde comme il les a empor-
tées, puisqu'elles n'ont pas eu le peu de conduite qui leur eût suffi
pour s'établir dans le respect des hommes, pour devenir une force,
étant déjà un prestige. Toujours est-il que l'*aristocratie* est le gouvernement naturel, prenant ce mot au sens étymologique, qui est le sens
large et vrai. Comment faire ce qu'il y a de plus difficile au monde, —
l'œuvre du gouvernement, — si ce n'est avec ce qu'il y a de meilleur ?
Cela est évident de soi, au simple énoncé, *a priori.* En outre, cela est
historique comme la Grande-Bretagne, où l'on a vu l'aristocratie
prendre soin du peuple non représenté, au point d'abolir des lois
fameuses, les lois céréales qui faisaient la richesse foncière de cette
aristocratie. Aujourd'hui même, elle a sa loi des pauvres, une liste
civile de deux cents millions pour le peuple. Une élite aura plus tôt
de la générosité que la foule n'aura de la modération.

S'il y a un pays au monde où le règne des classes supérieures soit
naturel, c'est la France, où la formation et le recrutement de ces
classes est encore plus rapide que la formation célèbre du tiers
état. Il en fut toujours ainsi parmi nous : c'est même de cela que
l'ancien régime, à travers mille défauts mortels, a vécu, a duré si
longtemps.

Il n'est pas de parti, à commencer par le républicain, qui ne doive
se rendre à cette évidence. Car la notion propre de république n'est
ni plus ni moins que celle d'un pouvoir exécutif éligible : par où la
république est conciliable avec l'aristocratie, même avec la plus con-
centrée, celle par exemple qui fournissait des doges à Venise. Si vous
me dites que la république ainsi définie est une pure forme où peut
reparaître le fond inique des anciennes dominations, je me permets
d'élever un doute : laissez-moi vous faire observer que cette république exclut deux choses qui n'ont rien de superficiel, deux choses
également dignes de toute réprobation : l'égoïsme des masses et l'é-

goïsme des royautés héréditaires. Pour ma part, je ne lui en demande pas davantage.

Avec le suffrage universel, qui n'est pas la république, mais la démocratie pour le moins, vous armez l'égoïsme des masses. Cela fait, et nous en sommes là, il ne reste plus qu'à trouver les moyens d'éclairer, de modérer cette force nouvelle, les prenant avec bonheur où ils se rencontrent, plus ou moins défectueux, plus ou moins suspects autrefois du méfait contre lequel on les emploie et les invoque aujourd'hui.

Ne perdons pas de vue un instant que nous faisons à cette heure une chose inouïe, entrepreneurs, fondateurs que nous sommes de démocratie en France. Inouïe est le mot. Je mets en fait, l'histoire à la main, que la démocratie n'a jamais existé, pas même en Grèce ; et qu'elle n'existe encore nulle part, pas même aux États-Unis. Je m'explique : jamais le peuple n'a été souverain quand il était peuple dans l'acception, dans la tradition européenne du mot qui désigne des masses perdues d'ignorance et de misère, telles que les a faites l'injustice du passé, telles qu'une société meilleure les a laissées jusqu'à ce jour.

Pour ce qui est de l'antiquité, les Allemands vous diront que les vingt mille citoyens d'Athènes avaient quatre cent cinquante mille esclaves ; que ce peuple d'Athènes, à considérer non-seulement ses esclaves et ses loisirs, mais ses artistes, ses orateurs, ses théâtres, ses fêtes, avait de l'esprit, et même du plus fin, du plus cultivé ; que la marchande d'herbes en remontrait à Théophraste pour le beau langage ; que Cléon, ce général tant moqué d'Aristophane, se faisait tuer après tout ; que les emplois publics se tiraient au sort, mais à la charge de certaines preuves de capacité. Heeren et Boeckh sont fort explicites à cet égard.

Quant aux États-Unis, je n'aperçois *le peuple* nulle part dans cette société issue de l'émigration d'une classe moyenne ; où le moindre citoyen sait lire et *lit*, notez ce dernier point ; où le salaire n'est pas seulement ce qui permet à l'ouvrier de *vivre et de continuer sa race*, définition classique parmi nous, mais définition de vétérinaire; où les castes n'existent pas, même en souvenir, dit Tocqueville ; où la propriété est universelle comme le droit politique ; où personne, où pas une classe du moins, ne ressemble à cette peinture de la Bruyère :

L'on voit certains animaux farouches, des mâles et des femelles, répandus dans la campagne, noirs et tout brûlés du soleil, attachés à la terre, qu'ils fouillent et qu'ils remuent avec une vivacité invincible : ils ont

comme une voix articulée, et quand ils se lèvent sur leurs pieds, ils mon-
trent une face humaine, et en effet ils sont des hommes. Telle est la
classe dont les descendants, dont les représentants, très-nombreux
encore, sont appelés à constituer le gouvernement parmi nous et fi-
niront par l'exercer un jour.

Cela est étrange, si étrange, que cela, je le répète, n'a pas d'exemple dans le passé, ni d'analogie vivante que l'on sache. C'est mettre
le pouvoir là où subsiste encore un reste d'esclavage, je veux dire
la misère ; mais quel reste ! Le gouvernement le plus éclairé, le plus
concentré, le plus prestigieux ne serait pas de trop pour en avoir
raison : il échouerait peut-être à cette refonte de la condition humaine.
Est-ce une raison pour confier la recherche des palliatifs aux parties
intéressées, qui ont tout ici pour être aveugles : souffrance, colère,
inculture des esprits, trouble des consciences ?

Je suis d'avis d'épargner à la démocratie ces hyperboles cruelles
où se plaisaient Aristophane et Platon. La plus terrible parmi ces
moqueries n'est pas du poëte comique. C'est le disciple de Socrate
qui nous montre les *chevaux et les ânes de la démocratie accoutumés*
à une allure fière et libre, s'en allant heurter ceux qu'ils rencontrent,
si on ne leur cède le passage... ce qui est un effet à ses yeux de *ce jeune*
et beau gouvernement. Rien n'est plus honorable pour ce peuple
athénien que d'avoir laissé dire de pareilles choses : les souffrant,
il ne les méritait pas. Il fallait qu'il eût bien de l'esprit pour rire
ainsi de lui-même ; il fallait aussi qu'il eût raison, qu'il fût calomnié.
Mais ne me dites pas non plus, passant de l'invective à l'apothéose et
du grec au latin : *Vox populi, vox Dei.* Libre à vous de paraphraser ce
thème, exaltant les qualités secrètes du peuple, le bon sens et la droiture innée du peuple, ce je ne sais quoi de radieux et d'illuminé par
où il se porte naturellement au juste et au vrai, avec un esprit qui se
dilate selon la grandeur des circonstances et des problèmes. Mysti-
cisme que tout cela ! Quand vous marchandez le surnaturel aux religions, allez-vous le transporter dans la politique ? On n'admet plus
aujourd'hui dans la nature les forces occultes dont se payait la
science d'autrefois : or, il n'y en a pas plus dans l'humanité que dans
le cosmos.

Les forces qui agissent dans la société humaine sont bien connues :
il n'en est pas d'autres que notre nature et que l'éducation dont cette
nature est capable, dans la famille, dans la patrie, éduquées elles-
mêmes par les acquisitions héréditaires du passé ! Nous naissons
ignorants et nus, voilà notre fait. Qui n'a rien appris ne sait rien,

pas même la politique. Cet ignorant est un homme néanmoins, c'est-
à-dire un être qui porte en lui des germes sacrés, capables de développement, dignes de respect. C'est pourquoi il ne faut pas mettre
un tel obstacle à son éducation, que de le traiter en nègre, en chose,
en brute, ni même simplement en caste inférieure et disgraciée. Que
rien ne l'opprime : c'est le droit d'un être qui a les éléments d'intelligence et de conscience. Mais n'en faites pas un souverain, lui laissant d'ailleurs les besoins qui le dépravent, et l'ignorance qui
l'aveugle : car alors vous en faites un oppresseur. Cela revient à
dire qu'autre chose est l'égalité devant la loi, autre chose le pouvoir
de faire la loi; que, dans le premier cas la qualité d'homme suffit,
que dans le second, la capacité est le titre nécessaire. Autrement
d'où viendrait cette faculté d'agir sur les hommes par voie de législation et de gouvernement, de leur imposer l'obéissance et de
l'exiger par la force : faculté qui s'appelle excellemment *le pouvoir*?
Il y a une alliance de mots, ou plutôt une génération de choses naturelle, indestructible : pouvoir politique et supériorité morale.

De tout cela je conclus qu'il est urgent et nécessaire de rassem-
bler les restes, les formes d'aristocratie qui survivent et de les ériger
en pouvoirs, en garanties tout au moins. Quelle que soit l'étiquette
d'un gouvernement, la surface d'une société, on ne se passe pas
d'équilibre et on le cherche partout; c'est ce que nous ne cessons de
faire depuis 89. L'ancienne société n'était pas plutôt détruite pour son
excès d'aristocatie, qu'on travaillait aux fondements d'une société,
c'est-à-dire d'une aristocratie nouvelle. Il y a quarante ans, une école
fameuse de publicistes et d'hommes d'État professait l'avénement
des classes moyennes et croyait en fonder le gouvernement. L'idée,
sous son masque, était juste et forte. Au fond, c'était la préférence
et l'*élection* des classes supérieures déguisée sous cet *appel* des classes
moyennes. Quand on arbore, comme faisait cette école des *doctri-
naires*, un principe tel que la souveraineté de la raison, on ne peut
lui chercher trop haut des interprètes.

Aujourd'hui un groupe d'esprits distingués fait un certain bruit
au sujet de réformes et d'émancipations locales. C'est faire beaucoup
d'honneur à trente-trois mille de nos communes (sur 37,000) qui
n'ont pas quinze cents habitants : quant au département où se re-
connaissent de véritables aptitudes, rien n'est mieux entendu que de
lui souhaiter des attributions selon sa valeur.

Si une capitale vous apparaissait quelque part avec les caractères
d'une influence et d'une prééminence marquées, comme rendez-vous

des forces vives d'un pays, comme enseignement et propagande politique, comme exaltation du type national, vous feriez bien peut-être de tenir cette capitale pour une aristocratie et d'y déposer une somme supérieure de votes et de pouvoirs politiques. Cela, j'en conviens, ne ressemble à rien de connu : on voit même tout le contraire aux États-Unis, où Washington est une capitale *neutralisée*, destituée politiquement. Mais à qui ressemblons-nous pour prendre exemple sur personne?

Enfin, si le journal qui, sous le règne d'un pays légal et d'une élite intelligente, vous paraissait un organe des minorités factieuses ou des passions grossières de la foule, vous semble aujourd'hui, sous le règne du nombre, une œuvre de sens et de raison, un auxiliaire utile, un champion désirable..., il faut en conclure que le journal a passé aristocrate, qu'il remplit à ce titre une fonction nécessaire et mérite une existence légale.

VIII

En tout ceci, je ne crois pas avoir dit que le journal fût un droit de l'homme, ni une chaire de vérité, ni un courant limpide qui réfléchit les cieux, ni même un exemple britannique à copier de tout point ; je n'ai pas insinué non plus que le peuple fût un artiste et un juge pour démêler, pour extraire des gazettes le vrai et le beau. Mais si je rejette péremptoirement certains lieux communs, certains fanatismes, ce n'est pas pour traiter les autres avec plus de faveur. Et, quand j'entends dire que le journal est une machine de guerre, un agent de révolution, un malfaiteur public ; que la société n'a pas à juger cet ennemi, mais à le désarmer ; qu'il y aurait péril à le traiter autrement que le port d'armes, le vitriol, le prêt sur gage, le poison!... J'aimerais bien laisser intactes ces aménités, dans les lieux et dans les esprits capables de s'en contenter. Toutefois, comme elles font des dupes, comme elles ont leurs croyants, il faut bien les relever et y toucher. Donc, je retiens entre tous ce mot, ce grief, que « la presse allume les révolutions et tue les gouvernements. » Examinons cela pas à pas, étudions et poursuivons cette colère dans toutes ses apparences.

Je le confesse, on a vu tomber de nos jours plus d'un gouvernement, et cela en présence des journaux ; mais ne vous vient-il pas à l'esprit que cette chute peut avoir eu des causes diverses, celles par exemple qui ont mis à mal tant de gouvernements, avant qu'il y eût des journaux? Ne soupçonnez-vous pas qu'un règne d'émigrés ou qu'une fin de règne, changeant ses ministres en face d'une émeute, aient rencontré là, c'est-à-dire en eux-mêmes, une certaine difficulté de vivre? Les gouvernements ont cent autres manières de périr que les coups de la presse, le suicide, par exemple. Tout suicide est un acte de folie, disent les médecins aliénistes. Mais je vous le demande un peu, qui sera monomane, si ce n'est un gouvernement, surtout un gouvernement français, héritier d'une idée fixe qui est la prépondérance, l'omnipotence immémoriale du pouvoir exécutif?

Non, dites-vous, le mal n'est pas là : on ne laisse pas aux gouvernements français le temps de se détruire eux-mêmes. Tout le mal est venu du dehors pour ceux qui sont tombés sous nos yeux : ils étaient attaqués par la presse, et c'est par la presse qu'ils ont péri. — Vous oubliez, ce me semble, que ces gouvernements avaient leurs journaux, et qu'en face d'une presse assaillante, il se rencontrait une presse officielle, chargée de les défendre. Pourquoi vous plaît-il d'attribuer plus d'effet aux attaques qu'à la défense? *Le fait est là*, dites-vous, *ces gouvernements ont péri*. Encore faut-il expliquer le fait. Or, vous ne pouvez dire que l'une de ces deux choses : ou que les attaques étaient fondées (ce qui explique les chutes par les fautes), ou que le Français est naturellement rebelle, impatient de toute autorité, révolutionnaire avec ivresse, ne ramassant dans le chemin du progrès que la pierre qui lapide.

Eh bien! je proteste, je fais appel aux consciences, aux intelligences, aux souvenirs, aux statistiques. Vous qui savez, est-ce donc là ce que vous apprend l'histoire? Et vous qui ne savez pas, mais qui avez âge d'homme, est-ce donc là ce que vous avez vu de nos jours? Pour ma part, j'avais fini par croire, à force de l'entendre dire et sans être autrement touché de cet exemple, que la France est monarchique, qu'elle résiste avec terreur à l'essai et au nom même de la république. Il me semble que ce n'est pas là le fait d'un peuple épris des révolutions! Si ce peuple aimait la nouveauté dans les personnages et dans les formes politiques, il aurait soin de consacrer, de stipuler par ses lois ce renouvellement : la république n'est pas autre chose. Pour passer à une hypothèse différente, s'il lui plaisait de n'obéir à aucuns pouvoirs, anciens ou nouveaux, d'être indiscipliné, effréné, il ne laisserait pas faire au-dessus de lui tant de règlements dont le tissu, dont la guirlande l'attend et l'enlace de toutes parts : il ne serait pas, après les Chinois et les Russes, le peuple du monde le plus administré que l'on sache, un peuple de prévenus, de suspects, de mineurs, entravé ou assisté en toutes choses et gardé à vue jusque dans ses plaisirs. Un jour, il eut à constituer son gouvernement, c'était en 89 ; il le fit héréditaire, central, armé de toutes pièces pour le bien public et contre l'obstacle du droit individuel ; il n'imposa à l'autorité qu'un changement de titre et de base. Mais nous avons à considérer surtout comme il reconstitue l'autorité. Il acclame le Consulat, il acclame les Bourbons, il acclame Casimir Périer, et nous l'avons entendu acclamer le gouvernement provisoire d'une république récente. C'était provisoire et c'était républicain ; mais c'était chose étiquetée gouvernement, et l'adhésion se propagea comme la flamme, en termes brûlants et unanimes que j'entends encore : « *Hommes nouveaux ! suspects d'hier, pouvoirs improvisés, ne seriez-vous pas la force, l'instrument de l'ordre? Vous le dites, vous en portez le nom et le drapeau ; mais de grâce, mentez, sévissez un peu, qu'on reconnaisse enfin un gouvernement, qu'on sente l'action et le langage de l'autorité!* » Ce gouvernement n'en fit rien et passa. Je ne parle pas de ces suffrages innombrables et sincères d'où naquit au bout de quelques mois telle reconstitution fameuse qui dure encore. Voilà, si je ne me trompe, un peuple qui a le sentiment de l'ordre et le goût de l'autorité. Assurément, il a d'autres passions politiques que celle-là ; mais on ne peut pas dire que celle-là lui manque. Il veut aujourd'hui des pouvoirs qu'il ait fait, des lois émanées de ses représentants ; il veut, envers et contre tous, son franc parler, un droit lumineux de contrôle et d'ironie. Mais, après tout, c'est toujours ce même peuple *affamé de voir un roi*, comme disait Henri IV, et qui dira toujours avec Pascal : *Le plus grand des maux est la guerre civile; le mal à craindre d'un sot qui succède par droit de naissance n'est ni si grand, ni si sûr.*

« Mais le Français, s'il n'est pas révolutionnaire, est inquiet, bruyant et frondeur. » — Vous plairait-il, par hasard, qu'il fût muet et servile ? Ne faut-il pas qu'il use de sa raison pour la chose publique, avec ses concitoyens, et même à l'occasion contre ses gouvernements ?

« Persifler n'est pas raisonner. » Je vous en demande bien pardon. Ouvrez la *Logique de Port-Royal*, et vous y verrez les règles, non-seulement de la *démonstration directe*, mais encore de la *démonstration per absurdum*, une agression sans pareille, où l'on fait voir à un principe qu'en le suivant dans toute sa portée légitime, on aboutit aux inepties et aux abîmes. D'où il suit que le ridicule est un procédé permis, régulier, une logique enfin. Si l'esprit français avait besoin de titres, il les trouverait dans les traités les plus lourds et les plus classiques. Mais les exemples suffisent. Ceux de Beaumarchais, de Montesquieu, de Voltaire, de Pascal, de de Maistre.

Je prévois votre insistance. Vous allez me dire que le Français n'aime pas, ne prémédite pas les révolutions, mais qu'il les laisse faire, qu'il a l'humeur dénigrante, le tour d'esprit moqueur, et qu'elles lui échappent comme une saillie... Vous le voulez; eh bien ! soit : parlons un peu de ce qui se passa en 48. Cette révolution n'était pas nécessaire comme telle autre révolution ; mais elle n'a pas eu lieu non plus en vertu d'un besoin factice créé par la presse. Je ne veux pas ici d'autre preuve, d'autre témoin plutôt, que le gouvernement même qui tomba sous cette révolution. N'avait-il pas des lois où certains méfaits de la presse étaient réputés crimes, et, qui plus est, une juridiction spéciale, éminente, peu suspecte à ses yeux, pour connaître de ces crimes? Si ce gouvernement n'a pas fait usage de ces lois, s'il n'a pas saisi cette juridiction, c'est qu'il ne les sentait pas nécessaires. Deux causes apparaissent à l'origine de cette aventure, ou plutôt deux institutions : la garde nationale et la monarchie. Une réunion armée, réunion de citoyens, lesquels, en prenant les armes, ne quittent pas leurs opinions politiques, que nulle discipline et nulle habitude de soldat n'obligent au silence, c'est chose hasardeuse. A quoi bon prohiber les clubs, si vous passez des revues, et si vous appelez à la revue ceux-là même qui eussent couru aux clubs? Vous aurez des cris au lieu de discours. Voilà, pour le coup, ce qui excite l'opinion par l'exemple désordonné d'une force constituée et armée pour l'ordre ! voilà ce qui ébranle un pouvoir, ce qui dissout et entame ses partisans, ses instruments même ! Les journaux n'approchent pas de cette puissance. — « Ce sont eux, dites-vous, qui ont crié : Vive la réforme ! » — Allons donc ! Comme si la presse avait eu besoin de séduire et de pervertir les gens pour une réforme aussi modeste que l'*adjonction des capacités*, ainsi que l'on disait alors ! Ce n'était pas là vraiment une matière brûlante, comme les grands sujets de politique extérieure, où les partis se livraient bataille; le gouvernement lui-même acquiesçait à cette réforme, il la promettait comme est promise aujourd'hui la liberté : ce devait être *le couronnement* de la session. Croyez-le bien, la réforme électorale n'était pas une aspiration révolutionnaire; l'esprit parisien, à ce moment, n'était pas révolutionnaire, encore bien moins l'esprit de l'armée et de la garde nationale. Bref, le pouvoir était intact et armé de toutes pièces; le moindre usage de ses forces, ou plutôt un simple obstacle, un barrage de

troupes en temps et lieu opportun, aurait sauvé la tribune, sauvé le
roi, sauvé même ses adversaires qui, pris au mot par la fortune, se
trouvèrent fort empêchés, et ne demandaient pas tant (j'en puis porter témoignage) qu'une victoire si complète. Mais encore fallait-il
vouloir et ordonner à propos, éviter les excès et les défaillances de répression, ne pas prendre ce moment pour changer de ministres, laisser où ils étaient le commandement, la responsabilité. Ici apparaît,
dans une de ses conséquences inévitables, l'institution monarchique,
pleine qu'elle est de fictions : *le roi ne peut mal faire, le roi ne meurt
pas, le roi ne vieillit pas*... continuant de confier au roi le sort d'une
nation, lors même qu'il a cessé d'être jeune, habile, énergique, heureux surtout.

Une chose si forte et si bien liée que le gouvernement français est
la dernière qui puisse tomber devant un caprice d'opinion inventée
par des journaux. Cette chose ne tombe que sous un effort d'opinion
compact et unanime comme en 1830, ou quand elle s'abandonne et
se trahit elle-même, comme en 48. On voit si les journaux sont les
artisans de ces grandes chutes dont nous avons été témoins, s'ils ont
la force et peuvent commettre le crime des révolutions superflues. Ils
n'ont pas renversé le gouvernement tombé en 48 sous nos yeux, et il
est si peu en eux de renverser les gouvernements que, vers la même
époque, les seuls pays (Belgique, Espagne, Portugal) où la presse
avait toute latitude sont les seuls qui n'aient pas imité la tempête née
en France. Maintenant, supposé que vous ayez quelque doute sur les
causes de cette révolution, et que le pays ne vous paraisse pas sans re-
proche dans le degré de confiance qu'il a prêté aux journaux, allez-
vous, sur la foi d'un précédent équivoque et douteux, annuler la
presse, tandis qu'il suffirait d'aggraver les lois sur la presse? Allez-
vous refuser au pays la vie politique, dont le journal est l'organe nécessaire, et créer le pouvoir absolu, qui est le fait d'un pays sans
journaux ?

On a bientôt fait de dire, à l'aspect de certaines vicissitudes, que la
France a le goût des révolutions. Mais peut-être n'a-t-elle que le dégoût des mauvais gouvernements ou l'indifférence à l'égard des gouvernements sans grandeur. Cette conjecture est naturelle, quand on
parle d'une nation monarchique, réglementaire, administrative entre
toutes. Faites-lui ce crédit, si vous êtes juste. Mais, avant tout re-
cherchez curieusement ce que signifie le goût des révolutions, et si la
France actuelle ressemble en rien à cette signification, à cet idéal parfois dépravé. Direz-vous, par exemple, que ce pays a le besoin de

4

sévir et de spolier, un appétit naturel de sang et de vol qui s'éveille
de temps à autre ?

Je conviens qu'une révolution en est le moyen et l'occasion, parce
que la plus juste déchaîne toutes les passions, les mauvaises comme
les bonnes, et suspend toutes les lois, les bonnes comme les mauvaises. Mais donnez-vous donc le spectacle de nos révolutions, qui, en
se multipliant, prennent de la clémence, de la mansuétude, qui en
sont venus à ignorer la confiscation, la banqueroute, la fausse monnaie, l'échafaud ? Quelle tradition améliorée ! quelle jurisprudence et
quelles mœurs nouvelles dans nos révolutionnaires ! Comment ces
conspirateurs auraient-ils des goûts et des projets qui ne paraissent
pas à l'heure de la victoire ? A lire les statistiques on se réveille parfois, et l'on est étonné de ne pas voir, en nos temps de révolution,
un redoublement de crimes, tout comme on voit, en temps d'é-
pidémie, un accroissement de décès. Cela jette un certain jour
sur le principe de nos révolutions, qui n'est pas morbide, il faut
croire.

S'il était vrai que ce pays aimât les révolutions et les aimât par
ce qu'elles ont d'immoral, ce pays serait moralement inférieur aux
autres ; il n'aurait pas que cette perversion. Quand la conscience d'un
peuple se dégrade à ce point, il y paraît ailleurs, et ce peuple est at-
teint, est malade partout.

On y verrait plus de malfaiteurs, plus de bâtards, plus de faillis,
plus de mendiants, plus de folie et de suicide que partout ailleurs ;
on y coudoierait à chaque pas l'improbité du marchand, la simonie et
le péculat, la vénalité de tout ce qui ne doit pas se vendre ; on n'y
distinguerait nul honneur, ni commercial, ni politique, ni militaire ;
nul amour désintéressé des choses d'esprit, nulle prévoyance et nulle
épargne dans les familles... Or, la statistique ne nous apprend rien
de pareil sur la société française. On y voit un progrès, une ascension
de toutes les classes, par des efforts où le travail, la privation, l'épargne, ont une grande place. A tout appel le capital paraît, et l'on sait
d'où il vient, de quoi il témoigne. Ceci est à l'honneur des classes
rurales, cette large et solide base sur laquelle nous sommes assis, ce
fond inépuisable des emprunts publics, de l'armée, de la bourgeoi-
sie ; sans compter que l'esprit des castes défuntes s'est perpétué dans
les services publics, successeurs des castes (armée, magistrature, enseignement, Église), et que l'honneur, où elles excellaient, est devenu la conscience publique, du même pas que le privilége des castes
est devenu le droit commun. Ainsi la société française, meilleure que

son passé, dans le cas des révolutions, n'est inférieure en quoi que ce soit à ses voisins.

Vous oubliez, me dira-t-on, que l'humanité est inconséquente, illogique dans le mal comme dans le bien ; que les mauvais penchants d'une race peuvent se cantonner, en quelque sorte, et demeurer sans effet général sur les caractères, sur les conduites ; que le sens moral de la France est égaré sur un point seulement, celui du communisme, c'est-à-dire du profit matériel et populaire à tirer des révolutions ; que l'on ne peut attribuer un autre projet, un autre sens à l'insurrection de juin 48. — Soit : je réduis mes observations et mes inductions au point qui m'est signalé comme le siége unique de la maladie. Mais ce point est grave ; cette tache est de celles qui s'étendent, qui rayonnent. Si les instincts français aspirent au déplacement de la propriété, ce qui est le malin projet dont on les accuse assez clairement, il y a là un insigne oubli de la notion du tien et du mien ; et vous pouvez tenir pour certain qu'un peuple où les révolutions seraient considérées comme *une manière d'acquérir* (ajoutée à la vente, à la succession, à la donation), serait tout au moins un peuple de banqueroutiers frauduleux, de gérants dolosifs, de tricheurs à tout jeu, de faussaires en toute écriture, un peuple de voleurs enfin.

Encore une fois rien ne témoigne, parmi nous, d'une telle émancipation des consciences. Il y a des documents officiels pour peser, sur ce point comme sur tout autre, l'état de la moralité publique. Or, sur ce point, nulle aggravation ne se fait connaître. C'est que le principe n'en existe pas. L'insurrection de juin 48 n'a pas le sens qu'on lui prête, celui d'une préméditation contre la propriété. Quand le peuple a pris les armes, il les reprend une fois ou deux, parce qu'il n'est pas en lui de s'apaiser tout d'abord, et que l'émotion d'un jour terrible, ajoutée à la permanence de ses griefs, c'est-à-dire de sa misère se propage encore pendant quelque temps. Cela est naturel, historique, comme nous le savons de reste, et s'explique très-bien sans l'hypothèse extrême d'une spoliation voulue et entreprise par les masses.

Quelques esprits entrent volontiers dans ces explications. A les entendre, le Français n'est pas dépravé ; mais il est léger, aventureux ; il aime les révolutions pour la nouveauté et l'imprévu qu'elles apportent. Encore une illusion ! Il me semble que si tel était le tempérament de la France, il y en aurait trace ailleurs : on le reconnaîtrait dans toute son histoire : on ne verrait que le Français, — soit, au seizième siècle, pour découvrir des mondes nouveaux, des mers nouvelles, — soit, de nos jours, pour se répandre en explorations, en émigrations ou colonies, à la recherche de l'or, aux détroits polaires, au centre de l'Amérique, au sommet de l'Himalaya, aux sources du Nil et du Niger, à l'affût des grands singes... Mais le fait est qu'on ne le voit guère à pareille œuvre.

Ainsi vous ne me montrez nullement par quelle qualité ou par quelle dépravation la France aurait l'instinct révolutionnaire. Restent nos révolutions... Mais les gouvernements peuvent tomber sans qu'on les renverse, et même on peut les renverser sans y prendre plaisir, par le seul effet d'une nécessité bien sentie. Une étrangère, une femme d'esprit, me demandait un jour si les Français ne pourraient pas se dispenser de changer leur gouvernement tous les quinze ans ? Avec un peu d'à-propos et de pédantisme, on aurait pu lui répondre qu'il y a plusieurs bonnes raisons de cette instabilité, qu'il en est jusqu'à quatre ; que nos gouvernements sont fragiles : 1° parce qu'ils ont une détestable réputation, léguée par l'ancien régime ; 2° parce qu'ils sont trop puissants, chargés de trop de choses, âmes ou intérêts, par où ils dépendent d'une foule d'inimitiés ; 3° parce que ce pays agite toutes les questions à la fois, — libéralisme, socialisme, patriotisme, — et que ce serait merveille si le gouvernement avait sur toutes une réponse agréable à tous ; 4° parce qu'il n'y a pas, comme autrefois, des castes et des ordres pour s'identifier au pouvoir, à ce point de le maintenir en ces ébranlements, ou de le relever en ses chutes.

On aurait pu en outre user de représailles, de récriminations contre cette spirituelle insulaire, et lui rappeler telle époque où les gouvernements anglais n'avaient pas le don de s'éterniser : par exemple cette partie du dix-septième siècle, où Charles Ier, où Cromwell et son fils, où Charles II et son frère, ne furent pas moins éphémères que les gouvernements français pendant la première moitié du siècle actuel.

C'est que, dans les deux cas, il y avait passion des peuples : religieuse parmi les Anglais, politique chez nous, ce qui est toujours fort incommode pour les gouvernements. Cela est encore plus vrai de la passion politique que de la religieuse. Car, pour s'entendre avec celle-ci, les gouvernements n'ont qu'à prier comme leurs sujets, ce qu'ils font de bonne grâce, quand ils ont de l'esprit, celui qui manquait à Charles Ier et à Jacques II ; tandis que, pour ne pas blesser celle-là, ils ont à prendre leur parti de n'avoir plus de sujets, mais des concitoyens vigilants et indiscrets au possible.

Toutefois, je le sens bien, il me reste quelque chose à dire sur des allégations comme celles-ci : qu'il est français de fronder, que l'opposition est populaire parmi nous, que le respect y est fort rare, que la chanson d'autrefois n'est pas morte, et que nous écoutons avec complaisance tout mauvais bruit, tout persiflage à l'adresse des pouvoirs constitués.

Il y a là-dedans quelque chose de vrai, mais dont il faut voir la source et le remède. Cette faveur de l'opposition n'est que méfiance des gouvernements, et cette méfiance est naturelle, ainsi qu'on le disait tout à l'heure, dans un pays qui a subi longtemps des dominations détestables. Tant d'avanies et de brutalités officielles, dont se compose notre histoire, ont créé des sentiments qui survivent à leur cause : on peut même s'étonner que cette tradition ne soit pas plus violente et plus implacable. Dans d'autres pays encore plus mal gouvernés, il faut croire, que l'ancienne France, ces sentiments allaient plus loin encore : à tel point qu'en Italie, par exemple, le bandit était en honneur, c'est-à-dire non-seulement le conspirateur, l'insurgé, l'ennemi du gouvernement, mais l'ennemi même de la société. La propriété était si mal acquise et si mal répartie, la société était si mauvaise que, prenant les armes contre elle, on avait pour soi la faveur publique, une connivence et presque une complicité de tous : on revenait des galères sans autre stigmate qu'une brûlure à l'épaule. Tout cela, les gouvernements n'ont qu'une manière de le corriger, qui est de se corriger eux-mêmes. Quand ils ont déformé et dépravé un peuple à force de mauvaise éducation, c'est à eux de le redresser par de nouveaux exemples.

La France compte une province où ces mœurs italiennes auxquelles ont faisait allusion tout à l'heure ont duré longtemps. Rien n'est plus connu que le banditisme et la vendetta des Corses. Or, savez-vous d'où vint l'amélioration que l'on y remarque aujourd'hui ? De la loi française, de la justice française qui n'y parurent pas tout d'abord dans leur plénitude : c'est seulement en 1826 que le jury fut appliqué à la Corse. Mais à partir de cette époque, l'équité des procédures et l'autorité des châtiments gagnèrent cette population[1]. L'exemple et la pratique du gouvernement émoussa les violences, détendit les haines, et rendit au crime sa honte naturelle. Par où l'on voit dans les

---

[1] Voir le curieux travail d'un magistrat, M. Sorbier, intitulé : *Esquisses des mœurs et de l'histoire de la Corse.*

faits ce qui est évident de soi-même, c'est-à-dire qu'un gouvernement a les sujets qu'il mérite ; que les ayant faits vicieux, son premier soin doit être de réformer en lui-même le vice générateur et contagieux.

Pour en revenir à la France, qu'y reste-t-il du mauvais exemple et de la mauvaise éducation donnés par ses gouvernements ? Un certain goût de moquerie et de méfiance. Est-ce après tout un goût révolutionnaire, un penchant extrême et subversif ? Mazarin en jugeait autrement. Quoi qu'il en soit, le traitement qui ramènera les Français de ce léger travers ne peut avoir rien de commun avec celui qui les y a amenés. Tolérer les chansons ne suffirait plus, ni même aucune tolérance, ainsi qu'on l'expliquera tout à l'heure. C'est du droit qu'il leur faut, même en certains cas où droit signifie liberté.

Ainsi, pour condamner la presse comme un engin destructif, agréable aux plus mauvaises passions du pays, vous arrivez à des propositions énormes, et il vous faut dire : 1° que la France a le goût des révolutions, le dégoût du règlement, une préférence innée pour l'indiscipline, pour l'aventure politique ; 2° que les gouvernements sont infaillibles, ou du moins que ceux dont la chute a eu lieu de nos jours, n'avaient pas commis de fautes ; 5° que certaine presse a seule créé une opinion factice, une opinion qui allait à les détruire, qui ne pouvait se satisfaire à moins ; 4° que le public a préféré les journaux hostiles aux conservateurs, uniquement parce qu'ils étaient hostiles : public borné, ou dépravé, ou enragé, ou perdu peut-être de tous ces vices à la fois. Et c'est de la France que l'on parle ainsi! C'est-à-dire d'un pays dont la passion nouvelle est de produire, de travailler, de s'engager, sur la foi d'un lendemain apparemment : tandis que sa passion ancienne et immémoriale est pour la stabilité, pour la monarchie, pour les monarques du moins et pour les grands hommes.

Mais, en fin de compte, où voulez-vous en venir et que prétendez-vous insinuer avec cette antipathie du journal ? Que l'esprit français est vicieux ; que l'opinion en ce pays est perverse et que moins elle aura d'organes, moins elle fera de ce mal qui lui est naturel? Alors créez le silence universel, supprimez la tribune aussi bien que le journal, éteignez partout les esprits, sonnez le couvre-feu à toute heure, ou plutôt coupez les langues, il n'y a que cela de sûr, et abattez la statue de l'abbé de l'Épée ; car il a créé le langage des muets.

IX

Je force les mots, mais au fond je n'invente rien. Remarquez bien qui déclame contre le journal : il déclamera tout à l'heure contre les assemblées représentatives, il proclamera le gouvernement impossible en présence des assemblées. Cela revient à dire que la nation est de trop dans le gouvernement et que l'opinion nationale est une puissance à comprimer partout.

Mais de deux choses l'une — ou vous réussirez à cette œuvre : et alors vous supprimez tout, le bienfait comme le méfait de cette puissance de l'esprit, qui est la vie même, et qui n'aura peut-être plus ses fruits économiques, si elle n'a pas sa culture politique ; — ou vous échouerez : et alors vous subirez l'effet violent de ce qui a été comprimé. A tenir les journaux sous l'arbitraire administratif, à gêner et borner ainsi l'esprit public, il y a peu de sûreté, il y a même peu d'effet.

Car il ne peut être question de le comprimer tout à fait : il faut bien lui laisser des ouvertures comme la tribune, la pétition, les élections ; et même, en dehors des occasions légales, le contact des personnes au centre du pays emporte le commerce des esprits, la circulation des nouvelles, l'embrasement des idées. En cet état de la vie moderne et française, il est difficile que la chose publique soit uniquement celle des pouvoirs constitués ; les esprits demeurent informés et armés. Otez le journal, tout ce contrôle n'aura pas moins lieu ; et vous pouvez même prévoir ce degré supérieur de mensonge et d'emportement qui appartient aux choses furtives et entravées, alors qu'elles peuvent se rappeler le temps où elles étaient libres et publiques. Il n'est pas clair que la Restauration ait été bien servie par ce régime de la censure qui a duré de 1820 à 1825. L'esprit public au sortir de là avait perdu toute mesure, n'ayant oublié aucun de ses anciens griefs, plein de clameurs accumulées. Il faut croire que l'opinion ne cesse pas un instant, sous les entraves légales de s'élaborer et de se propager, acquérant même la violence qui naît d'un effort excessif et contrarié ; une force en cet état très-capable d'atteindre son but et même de le dépasser, qui deviendra peut-être un torrent, tandis qu'entre certaines berges, endiguée sans être barrée, elle pourrait être un courant régulier et même assez fécondant.

Sans métaphores, croyez-vous que l'électeur ira au candidat le plus
modéré, quand l'élection est un conflit qui l'exaspère à force d'obstacle
et de menaces? Et le candidat modéré, s'il est élu, croyez-vous qu'il
garde sa modération au sortir d'une pareille lutte, où il a dû tout
entendre et n'a pu rien répondre? J'ai bien peur que son indépendance ne devienne hostilité systématique.

Mais de quoi vous plaignez-vous, me dira-t-on, puisque vous
croyez à l'impuissance de ce qui comprime, puisque vous prévoyez
le triomphe du progrès c'est-à-dire de votre opinion, exprimée ou
non par les journaux?

Je me plains de prévoir ce qui devrait être chose faite et acquise.
Je me plains d'avoir à le payer quelque jour un prix exorbitant. Je
me plains, en attendant, du droit que je n'ai plus et de la tolérance
qui le remplace fort mal : il me semblait avoir conquis un droit à la
bataille de 1830. Je me plains, parlant dans ma loyauté, de ne pouvoir tout dire à mes risques et périls; et, le *droit* manquant, de
trouver ici même où j'écris des censeurs à subir, c'est-à-dire mon
imprimeur et mon éditeur, l'un craignant pour son brevet, l'autre
pour sa propriété, qui pourraient bien n'être plus *tolérés*. Je me
plains de ne pouvoir admirer dans la conduite des affaires publiques
ce qui me semble digne d'admiration : cela n'est pas *faisable*, comme
dit le vicomte d'Orthez, dès que je ne puis réprouver et flétrir où il
y a lieu. Je me plains de ne pouvoir attaquer dans les adversaires du
pouvoir, une tactique et des idées qui me semblent parfois inquali-
fiables. Cela m'est défendu par la reconnaissance, dès que ces adversaires revendiquent pour moi les *libertés nécessaires*, et me rendent
le bon office dont j'ai le plus besoin, avec un retentissement de raison et d'éloquence qui dure encore.

Je me plains de ne pouvoir parler en public, quand chacun crie
en particulier, et que cette clameur aura quelque jour peut-être un
de ces effets imprévus dont il n'est personne, même parmi les plus
avancés, qui ne voudrait bien voir enfin la clôture. Tout cela est un
pêle-mêle de réticences, de sous-entendus, d'exagérations, où la vérité
et la droiture deviennent ce qu'elles peuvent, où les esprits cessent
d'être clairvoyants et virils. En un mot tel est ce régime que l'esprit
baisse à vue d'œil parmi nous, même en son foyer le plus rayonnant.
Vous paraît-il bien précieux que Paris ait du macadam, des squares
et des fontaines comme Londres; qu'il soit comblé de monuments,
de verdure et d'hygiène, si Paris n'est plus la capitale de l'esprit
français, la tête pensante et lumineuse de tout le pays?

Les étrangers qui affluent parmi nous sont frappés de cette dénaturation parisienne. Cela me fait songer que je n'ai pas fini mes doléances. Je me plains encore et par-dessus tout du malaise, de l'insupportable embarras où l'on me place à l'égard de ces étrangers, de ceux-là justement pour lesquels le passe-port a été aboli, et qui pendant les vacances de leur parlement, viennent s'informer du nôtre. Un d'eux me demandait dernièrement si notre chambre des communes pouvait rejeter un bill proposé par le gouvernement. Oui, sans doute, lui répondis-je, et je lui en citai un exemple qui était de la veille même. Notre liaison ne remontait guère plus loin ; et sur son exclamation, sur son intonation tout anglaise, intraduisible, inimitable même, je parierais bien qu'il ne crut pas le premier mot de ma réponse. De grâce, délivrez-nous de ces questions, de ces commentaires qui n'ont pas toujours lieu sur la place Vendôme, à l'ombre de nos trophées. Ces étrangers sont curieux, interrogants. Ils voudraient tout connaître, ils frappent à toutes les portes, même à celles qui ne s'ouvrent pas. Ils aimeraient bien par exemple en temps électoral à voir nos meetings, nos hustings. Là-dessus je les mène aux cours de physique et de chimie amusante qui se font le soir à la Sorbonne. Sont-ils amusés? Je ne sais. Il faut voir, ou plutôt il faut deviner leur étonnement, leur compassion même, dont ils n'auraient garde, en vrais gentlemen qu'ils sont, de rien témoigner. Ils arrivent quelquefois de Vienne, de Moscou, de Constantinople où ils ont vu les mêmes règlements de la presse qu'à Paris : ils ne vous diront pas que les Français *ont l'air d'animaux pris au piége*, ce qui est le mot de Bougainville à propos du Paraguay sous les jésuites. Mais l'un d'eux me disait, après quelques remarques sur l'ancienne société française, sur les défunts salons, sur le ton réduit et la substance efflanquée de nos controverses politiques ou littéraires : *Vos révolutions de gouvernement sont les moindres de vos révolutions.* Dieu sait tout ce que cela signifie de réprobation dans la bouche d'un Anglais, ennemi né des révolutions comme ils le sont tous.

Mais un cri s'élève : — Laissez-là votre dilemme, ne dites pas que le régime actuel de la presse éteindra l'esprit en France où l'irritera jusqu'aux excès ; un si grand sujet ne saurait tenir entre les branches d'un compas. Il n'y a point dans toute la logique de procédé plus chanceux que de dire : *de deux choses l'une...* et de faire dépendre de là une démonstration. Comme si tous les nez étaient camus ou aquilins ! Ici il y a une troisième hypothèse, celle d'un gouvernement

qui aurait, en droit, toute puissance sur les journaux, mais qui, en
fait, leur laisserait une véritable latitude. Il n'y aurait plus à ce
compte rien d'éteint du côté de l'esprit, rien non plus de vivant pour
la colère et pour les révolutions.

Il faut s'arrêter en effet à cet aspect des choses qui n'est pas sans
réalité. C'est un point qu'il ne faut pas omettre dans une discussion
où l'on voudrait franchir tous les lieux communs, la mauvaise foi
surtout. Il ne m'en coûte pas de reconnaître ce que le régime actuel
laisse passer de remontrances et d'improbations, lui qui pourrait les
interdire absolument, et même imposer le panégyrique. Je sais ce
qui en est, pour l'avoir expliqué tant de fois, à ces étrangers polis et
moqueurs qui croient la France frappée de mutisme, et destinée,
telle qu'ils la connaissent, à s'énerver, à périr dans cet étouffement.
On peut convenir de ce qui est, sans oublier un instant ce qui manque. Godwin a quelque part, dans un de ses romans (*Caleb*) certain
héros très-hasardeux, que ces aventures mènent un peu partout. Un
jour, en prison, il se prend à admirer ses compagnons de chaînes.
« *Ils ne s'étaient pas imposés*, dit-il, *cette pénible tâche à laquelle on
n'est que trop assujetti dans la société des hommes, de paraître donner une approbation aux choses qui vous font le plus souffrir; ou, ce
qui est pis encore, de se persuader que tous les torts que vous avez à
endurer sont légitimes...* » (Quelle mauvaise traduction !) quoi qu'il
en soit, nous n'en sommes pas tout à fait là, en fait de traitement ou
de sentiment.

Il faut reconnaître d'abord que l'empire actuel n'a rien de commun
avec le premier empire dans la condition qu'il fait aux journaux.
Cela saute aux yeux et à la mémoire. Je ne sais pas au juste ce qu'a-
vait dit ou publié certain libraire de Leipzig, fusillé vers 1809. Mais
un écrivain n'eût pas dit alors la moitié de ce qui lui attire aujour-
d'hui un avertissement, sans faire connaissance avec les donjons de
Vincennes tout au moins. Autant les journaux étaient rares à cette
époque, autant ils sont nombreux aujourd'hui et offerts de toutes
parts sur la voie publique. Et cette différence est la moindre que
l'on puisse signaler à l'avantage de l'état des choses actuel. Ces journaux, qui paraissent si menacés, exécutent chaque matin des tours
de force et d'adresse, des prodiges d'équilibre. On les surprend
parfois à parler d'un ton élevé, d'un ton menaçant, d'un ton moqueur, comme s'ils n'étaient pas exposés à une amende de cinq cent
mille francs toujours imminente sous forme de suppression. C'est à
faire frémir : on ne voudrait pour rien au monde faire un pareil

exercice. Il faut voir toutefois l'obstacle qu'ils rencontrent; il faut
prévoir aussi le jour et la circonstance où tout est obstacle, où le
silence se fait de lui-même, où rien ne va plus dans ce jeu, dans ce
pari quotidien entre la presse et le pouvoir. La limite n'est pas où
vous le croyez : on ne s'y heurte pas tout d'abord. Parlez-vous religion, morale, philosophie? vous avez la faculté de tout dire ; et même
cette faculté n'est pas d'hier. Les gouvernements, du jour qu'ils ont
eu leur personnage à défendre, ont montré un grand fond d'indul-
gence et de mansuétude pour l'écrit qui n'ébranle que les bases de
la société. Voyez plutôt ces lois exemplaires de 1819, punissant la
simple *attaque* contre le principe du gouvernement, et laissant passer l'attaque contre la morale publique ou religieuse, à moins qu'elle
n'ait le caractère d'outrage. Cela est naïf et semble dire *sauve qui*
peut à tout les principes, excepté celui du gouvernement. L'ordre de
choses actuel fait plus encore, il livre aux journaux les questions
politiques; non-seulement pour entrer dans le détail des choses, la
question romaine et polonaise, ce qui n'est pas bien surprenant,
mais la question du Mexique et la question des travaux publics, même
à Paris... Des sujets épineux, scabreux, où il n'est peut-être pas sûr
de l'admiration universelle. Voilà ce que la presse a le droit d'étudier
et de commenter avec une certaine latitude. Mais où elle est à l'étroit,
c'est en province, quand elle y est, ce qui arrive de loin en loin. Tout
lui est aquilon, dès qu'il s'agit de pouvoirs locaux, de fonctionnaires
subalternes, de griefs particuliers, des personnes enfin et de leur
conduite, fût-ce un maire, un facteur, un garde champêtre. Tout
cela n'entend pas raison, raillerie encore moins. Ici commence l'in-
violabilité, *umbrarum hic locus est somni noctisque soporæ.* Laissez
l'espoir, écrivains qui entrez dans ce domaine. Vous n'aurez pas les
annonces judiciaires; mais des *avertissements*, des *communiqués*, une
collection d'épithètes choisies, tout l'appareil enfin des aménités
administratives, et l'auréole imminente de la suspension ou de la
suppression. Cela n'est peut-être pas de tous les jours; mais cela
éclate ou s'aggrave dès qu'il s'agit d'élections, à ce jour solennel qui
luit tous les six ans, où la souveraineté découle du suffrage universel;
une franche utopie, il faut en convenir, si elle est interceptée ou
détournée dans son cours. Cela vaut la peine d'y penser, et encore
n'est-ce pas là tout. Dans la vie des peuples ou plutôt des souverains,
il y a des circonstances terribles et provoquantes, toujours marquées
par des lois nouvelles : lois de septembre, lois de *sûreté publique.*
Si la défense et la vengeance, si la colère et la justice n'entreront pas

pêle-mêle dans ces mesures, la tribune seule osera le dire : et, de fait, elle ne manqua jamais à ce devoir. Mais une presse tolérée sera réduite au silence le plus absolu, en face de ces attentats et de ces répressions. En ce moment même, je ne puis autrement expliquer mon idée, détailler les faits, montrer les services que la presse rendrait à tout le monde en pareille rencontre. C'est que la tolérance est un vice, quand il faudrait un droit, une liberté légale. Au surplus, à quoi bon insister ? La preuve que la liberté manque et qu'elle est nécessaire, c'est qu'elle a été promise comme le *couronnement de l'édifice*, — la liberté de la presse, bien entendu. — Ces grandes paroles ne pouvaient faire allusion à autre chose, dans un pays où la liberté électorale est le droit de tous, droit écrit et constitutionnel. En attendant, je reconnais la dose de tolérance qui règne dès aujourd'hui ; mais elle tient peut-être aux mœurs et à l'éducation politiques des gouvernants, lesquels ont pratiqué la liberté ou les pays libres, et ne peuvent être étrangers à un certain sentiment de l'opinion qui vaut presque le sentiment du droit. Il reste à savoir si ce fait précaire, ce sentiment personnel leur survivra. Quand ils auront emporté avec eux le secret de ce maniement délicat, que deviendra le pays sans droit acquis et aguerri, en face des majorités sans tolérance et sans frein qui sortiront quelque jour du suffrage universel ? Le plus sûr est de fonder dès à présent le droit des journaux, comme défense et recours des minorités. Il y a tel moment où la tolérance équivaut à néant.

Une liberté qu'un gouvernement peut reprendre, c'est comme un contrat qu'une partie peut rompre à volonté, un contrat sous *condition potestative*. La loi déclare nulle cette convention qui lui fait l'effet d'un jeu, d'un pur abus de la force et non d'un lien. Le pays ne peut considérer autrement la liberté précaire du journal, celle qui n'a pas d'avenir, pas même de lendemain assuré ; il y voit, à travers les apparences électorales et représentatives, la substance du pouvoir absolu. Je sais des gens que cela indigne, irrite, humilie : mais il en est surtout que cela inquiète comme un principe d'instabilité, comme une chance ouverte aux révolutions. — Aurons-nous la fortune, se disent-ils, de trouver l'un après l'autre deux hommes capables d'un tel pouvoir ? La Providence permettra-t-elle, dans ses gracieux desseins, que ces deux hommes soient justement le père et le fils ? L'histoire nous apprend que les Antonins faisaient d'autres façons pour se renouveler et se recruter.

Remarquez que je ne suppose nulle résistance du pays à la trans-

mission de ce pouvoir : je suppose même le contraire. Mais si le pays
n'a pas la force de contrôler son gouvernement, s'il n'a pour cela ni
droits acquis, ni organes écoutés, ni possession et pratique, comment
aurait-il la force de le maintenir à l'occasion ? Le pouvoir, justement
parce qu'il s'est mis au-dessus du pays, est en dehors du pays ; il appartient aux intrigues de palais, d'armée, de famille, de diplomatie ;
il est à la merci des défections et des trahisons, tandis qu'au contraire avec des discussions libres, l'alliance d'un peuple et d'une dynastie peut s'établir fortement, ce qu'on a vu de nos jours en Belgique et ce que l'on voit depuis plus d'un siècle en Angleterre. Ainsi,
je ne vous dirai pas que le pouvoir absolu blesse les sentiments,
l'honneur et les intérêts du pays. Non : nous sommes d'accord en ce
moment à tenir une révolution pour la plus grande des calamités. Je
compte comme vous pour mieux vous démontrer le vice de votre
calcul, et j'arrive à cet énoncé : pouvoir absolu, pouvoir viager, que
la nation ignore et qu'une intrigue, une surprise peut déplacer, tandis que la conspiration des journaux, si conspiration il y a, publique
et patente comme elle l'est, peut être combattue par des raisons, par
les lois, par la force.

Ainsi la stabilité manque à ce régime, et qui pis est, la sécurité.
Le pays sent bien, dans le silence des journaux, que le gouvernement
attaqué partout n'est défendu nulle part. Il voit dans ce régime une
persistance de l'état révolutionnaire, un provisoire qui exclut partout le définitif : il se rappelle que le droit de la presse si longtemps
exercé est le signe des temps réguliers et nullement des temps révolutionnaires où le journal est un moyen d'action dédaigné par le
vainqueur, un moyen de défense refusé aux vaincus. C'est le pays
lui-même, il est vrai, qui, dans des temps critiques, a voulu l'ordre
à tout prix et livré la presse comme il livrait tout. Mais, l'expérience
aidant, on peut retrouver un désir de liberté, et souhaiter le droit de
la presse comme un retour de vie normale, comme un obstacle aux
aventures et aux perturbations. Telle fut la France en 1814, la France
qui avait acclamé le 18 brumaire. Et l'état de l'opinion à cette époque
est constaté par l'*acte additionnel* qui reconnut, qui fonda le droit des
journaux.

Ce pays éprouve peut-être un besoin alternatif de discussions et
de dictature, celle-ci pour exécuter ou pour raffermir ce que celles-là
avaient rêvé ou ébranlé. Mais il faut prendre garde de prolonger sans
mesure la période où le pays est simple spectateur, où prospère et
rassuré sur les autres biens, il songe au bien, au luxe de la liberté.

Un gouvernement prendrait là une position violente, se condamnant à faire sans cesse de grandes choses, à remplir la scène de son personnage, de son éloquence, de ses coups de théâtre, sous les yeux d'un public qui voudrait bien à son tour monter sur la scène et qui ne passerait à cette représentation ni échecs, ni défaillances, à peine des entr'actes. Avez-vous parole du dieu des batailles pour le succès constant de vos armes? Mais ce dieu est un protée qu'on n'enchaîne pas. Tenez-vous le mot de certaine énigme : le socialisme? Se trouvera-t-il un homme pour cette solution comme il s'en est trouvé un pour démolir et rebâtir une capitale? Mais cette énigme n'a pas de mot, ce mal ignore les spécifiques. Tout consiste ici dans une hygiène où figure avant tout la sécurité politique des capitaux. Quant à la reconnaissance d'un pays pour les bienfaits passés d'une dictature, vous croirez sans peine qu'elle a des bornes : l'ingratitude des communautés est fameuse et proverbiale. En tout cas le meilleur souvenir qu'on puisse attendre d'une société ne saurait aller jusqu'à une démission politique de cette société. L'affranchissement est de droit dans la cité comme dans la famille ; de droit naturel, traditionnel, nécessaire de toutes parts. Est-ce que rien peut lier ce que la nature et l'histoire ont mûri pour la liberté ? Ces bienfaits même du dictateur, en créant la richesse, ont créé le souci de la liberté. Il en est d'un pays riche, où le capital a toutes ses suites intellectuelles et morales, comme d'une aristocratie. C'est dans cette classe où se rencontrent les autres biens, acquis et surabondants de longue date, qu'on en souhaite un autre, la liberté. Sans monter si haut, tous les préfets du Rhône vous diront que la saison des salaires élevés et réguliers est justement celle des inquiétudes, des exigences ouvrières. Ce serait une politique comme une autre (la plus sûre peut-être) de reconnaître la croissance des peuples ; et quand ils sont adultes, quand ils sont délivrés et enrichis par la dictature, de la répudier pour aborder avec eux, l'ère des grandes choses étant passée, celle des choses difficiles, impossibles peut-être, qui apparaissent seules à l'horizon.

Si nous en sommes là, ne vous hâtez pas de dire que la tolérance accordée aux journaux, en y joignant le droit intact des livres et de la tribune, constitue pour ce pays une discussion suffisante, que l'esprit français peut s'y mouvoir et avancer, qu'il ne périra pas avec le souffle bruyant dont il jouit encore, et surtout qu'il n'aura jamais l'explosion des choses furtives et comprimées. Non, à coup sûr, il ne périra pas sous ce régime ; s'il a bouche close, il respirera, il s'exhalera quand même : la fonction de l'esprit en France est de celles qui se créent un organe, une issue à tout prix. Toutefois il souffrira, et quand la souffrance est celle de l'humiliation, elle dégrade un peu le patient, elle lui ôte la grandeur par laquelle on est juste et modéré envers ses adversaires.

Le fait est que sous ce régime, quelque nom qu'on lui donne, personne ne peut se fier à rien, ni les individus au pouvoir, ni le pouvoir à l'avenir. Ce régime laisse subsister une question nullement résolue, une perspective toujours imminente, celle des révolutions qu'il croit abolir. Cette question me frappe et m'arrête, parce que je n'en vois pas d'autre en ce sujet. Quant au progrès, rien ne saurait l'atteindre : il a fait ses preuves. A voir l'ascension immémoriale des sociétés alors même qu'elles étaient sans journaux, on ne peut pas dire que cet appui soit nécessaire à cette marche; mais il faut se demander s'il ne l'est pas au développement pacifique et normal de certaines sociétés.

Le problème, en ce qui touche la France, est celui-ci :

Étant donné un peuple qui a usé de journaux libres pendant quarante ans environ, — qui jouit du suffrage universel pour voter, par ses représentants, l'impôt, l'armée et les lois, — qui ne paraît pas encore de tempérament à exercer le droit de réunion, — qui n'a pas d'action juridique et directe contre les abus d'autorité, — qui supporte une multitude de règlements et de fonctionnaires... ce peuple peut-il avoir un autre procédé que le journal pour éclairer le droit qu'il a, pour suppléer le droit qu'il n'a pas, pour contrôler le pouvoir qu'il subit à toute heure, et le pouvoir même qu'il délègue? Et s'il n'a pas ce procédé, peut-il avancer autrement que par secousses? De telle façon que la question de la presse n'est pas celle du progrès, mais celle des voies du progrès, voies paisibles ou brusques, normales ou révolutionnaires, selon que la presse sera jugée ou administrée, c'est-à-dire sera ou ne sera pas.

X

On voit que cette question du journal est pour nous une question toute française : au fait, nulle raison, nul exemple du dehors n'y peut entrer utilement. Il faut à la France un journalisme qui lui appartienne, selon son génie qui a fait son histoire, et selon son histoire qui lui a fait la presse dont nous avons le spectacle, depuis plus d'un demi-siècle. Cette généalogie de choses, nous allons la suivre et l'analyser de fort près, regardant d'abord à l'esprit de la France, à ce *Verbe* dont elle est douée et possédée. J'insiste sur ce point qui tranche tout à mes yeux. Sans perdre de vue, l'accident des faits, des lois, des personnages, le tour historique qu'ont pris et donné les choses, il nous faut considérer surtout comment la France est faite intellectuellement. Parmi des êtres intelligents, il n'est rien qui ne porte la trace de la conformation intellectuelle : mais tout en procède absolument parmi une variété de ces êtres, où l'intelligence est le don principal, l'impulsion décisive et la plus obéie.

On ne dit rien de trop, on ne fait pas de phrase, quand on reconnaît à la France cette propriété inouïe de se gouverner par l'esprit, d'être passionnément sensible à la raison théorique, au point d'en tirer tout, ses lois, sa politique, ses révolutions. Ailleurs règne le passé, conservant le fond ou la forme des choses. *Il n'y a jamais eu un moment dans la constitution anglaise*, dit Mac Aulay, *où l'élément ancien ne l'emportât sur l'élément nouveau.* Mais la France est le domaine des idées : il n'est rien qu'elle ne fasse, qu'elle ne taille sur quelque patron idéal, dans une certaine contemplation de l'absolu. Des idées, elle en met et elle en suit partout. Je ne crois pas déclamer ni inventer. Voyez donc la Révolution française toute calquée sur les théories dont le dix-huitième siècle avait retenti ; et à ses divers moments, toute imprégnée des divers courants d'idées qui avaient traversé cette époque. Cela est aussi historique que le règne et la mort de Henri IV.

La preuve que ce pays abonde en idées générales, c'est qu'il n'en est aucun dont les idées aient une pareille contagion. A cet égard les aveux et le dépit de M. de Maistre sont curieux à rappeler. *Voyez comme la France nous a menés pendant la Révolution, elle supprime la gabelle et nous la supprimons..... dîme, majorat, aînesse ont eu le même sort. Et ailleurs dans la même correspondance : Je me suis beaucoup amusé de vos kilogrammes. La puissance de la nation française pour agir sur les autres, même sur les moins changeantes, même sur celles qui la haïssent, est un phénomène que je n'ai jamais cessé d'admirer sans le comprendre.*

Ajoutez que ce pays qui a l'idée haute, générale, contagieuse à ce titre, ne l'a pas moins active et militante. La pointe de cet esprit est partout, parce qu'il est emmanché d'une logique sans pareille qui passe du principe à la conséquence, et de la conséquence à l'action

la plus explicite : dégaîner fait partie de ces déductions. Cela ne s'est
vu depuis l'antiquité, qu'entre le Rhin et les Pyrénées, et nous sépare
encore plus que fleuves et montagnes des pays qui dorment ou des
pays qui rêvent.

Tel esprit, telle société. Comme la France vaut surtout par l'esprit et se livre passionnément aux exercices de l'esprit pur, il y paraît à certaines suites.

Quand on pense, on doute ; rien n'est si naturel d'un peuple exa-
minant tout, touchant à tout avec son esprit. Quand on doute, on
réforme et même on détruit volontiers : *Arsace avait remarqué*, dit
Montesquieu, *que de corrections en corrections d'abus, au lieu de rec-
tifier les choses, on parvenait à les anéantir*. Aussi la France est-elle
le pays du monde qui a le moins de traditions, soit dans les idées,
soit dans les pouvoirs. Des dynasties nouvelles, des idées nouvelles
y ont apparu, — les unes interrompant l'hérédité, qui est la loi
écrite du pouvoir exécutif, et peuplant l'avenir de candidats à ce pouvoir. — Les autres, telles que le socialisme, mettant la propriété
en doute, la mettant du moins au service de la société, dans la dépen-
dance du principe de l'utile où elle est, à la merci d'un sophisme de
sectaires, d'un attentat de législateurs. N'oubliez pas, à propos du
législateur, qu'il pourrait bien être ce sectaire, qu'il est l'élu et la
créature des masses, aujourd'hui que le droit politique est répandu
parmi nous comme un droit naturel, comme la lumière qui éclaire
tout Français venant au monde. De sorte que deux traits suffisent à
peindre cette société : tout y fait question, et cette question sans
bornes est soumise à tous.

Maintenant, telle société, telle presse ; naturellement cet esprit
français, cette société française, telles qu'on vient de les dépeindre,
produisent des journaux, dont rien ne peut donner l'idée, dans la
presse connue et pratiquée ailleurs. Qu'est-ce que le journal anglais ? Une simple agence de publicité, un écho du parlement et
des meetings, un porte-voix, une boutique de nouvelles et d'annonces.
Parle-t-il politique ? ce spéculateur fait état de suivre l'opinion, inca-
pable qu'il est de la devancer et de la dominer. Les moindres esprits
suffisent à cette besogne qui est faite comme un métier sans autrement
de prétention et d'effet. Dans ce pays d'ailleurs, les questions radi-
cales et brûlantes ont disparu ; et sur ce qui reste en question, les
ambitieux, les éloquents, les habiles se réservent pour la discussion
orale qui est ouverte partout, soit au Parlement, soit à la tribune
des *meetings*, soit à ces banquets que nos voisins excellent à prolon-

5

ger et à remplir, fidèles à la tradition germaine observée par Tacite,
deliberantes dum fingere nesciunt.

Tel n'est pas le journal français : il est né avec les questions capi-
tales qui se débattent parmi nous depuis quatre-vingts ans, et il n'a
cessé de les traiter dans la permanence qui n'a cessé de leur appartenir. Dénonciateur des griefs individuels, champion et redresseur
privé, il l'est à peine : ce rôle où excelle le journal anglais est négligé par le journal français. Celui-ci ne prend plaisir qu'aux
grandes causes, aux questions vitales et souveraines. Commes elles
se perpétuent parmi nous, et que la parole publique est uniquement
pour la tribune parlementaire, le journal ainsi fait attire les grands
esprits dignes de toute grandeur, les consulaires, les hautes existences, les hommes nés ou parvenus au faîte de la société : vous
verrez toujours, à la tête du journal français, des plumes fortes et
fines, tantôt inspirées par des hommes d'État en retraite, qui retrou-
vent ce pouvoir en quittant le pouvoir, tantôt maniées par les
hommes d'État de l'avenir, ayant derrière eux des partis et des intérêts formidables.

En France le pouvoir est au concours, si l'on regarde plutôt à
l'histoire qu'au droit écrit ; or le journal est un des instruments
dont se servent les concurrents. En France, il y dispute profondé-
ment sur une part nouvelle à déterminer dans le bien public, ignorée
de Richelieu, soupçonnée par Turgot, celle du bien populaire : ce
qui est la matière légitime du socialisme généreux. Or, le journal
est l'interprète, le champion de tout socialisme, même de celui qui
appliquerait la générosité au bien d'autrui. Enfin il y a parmi nous
des âmes où la religion se sent peut-être atteinte et blessée : ce qui
est un grief, une colère de plus prête à s'armer du journal.

« Et vous hésitez, me dira-t-on, devant une chose si pernicieuse,
« que le journal, une outre de tempête, une fiole de poison ! Vous
« cherchez la discipline qu'il lui faut ! vous êtes en peine d'une issue,
« d'une distillation à lui ménager ! votre souci me confond. Suppri-
« mée ou enchaînée, abolie ou asservie, voilà tout ce que doit
« être la presse parmi nous. » Mais alors supprimez donc le feu, capable qu'il est d'incendies et d'explosion : supprimez aussi la tribune
et le compte rendu de ses débats qui ont le même objet, le même
écho, la même passion que les débats de la presse.

Seulement avec le feu de moins, nous serions des Esquimaux. Et
avec la presse et la tribune de moins, nous aurions pis encore que
nos révolutions, où après tout le pays ne cesse pas d'avancer :

nous aurions le pouvoir absolu, c'est-à-dire des révolutions tout
à la fois certaines et stériles, qui ne seraient jamais des réformes,
faute de discussions préalables et fécondantes : des révolutions de
palais et de sérail, comme celles de la muette Asie, qui s'exercent
et se concentrent sur la tête du souverain. *Les grandes vengeances
sont filles d'un grand silence*, dit Alfieri, dans sa tragédie des *Pazzi*.
Les Français, pour ce qui les regarde, n'en peuvent rien savoir, vu
qu'il n'y eut jamais grand silence parmi eux. En tout cas les sociétés
ont plus besoin de progrès que de vengeance, et le moyen de s'entendre à cette fin supérieure n'est pas de se taire selon les exemples
de l'Orient, qui véritablement ne peuvent être une séduction pour
personne.

Je comprends votre méfiance des journaux, à l'aspect des colères
énumérées tout à l'heure, qui grondent dans notre société et dont ils
sont volontiers les instruments, les complices. Mais vous auriez
aussi bien pu m'interrompre et vous récrier avec passion, avec an-
goisse, quand j'énumérais les mérites variés et incomparables de la
presse. Il ne manque pas d'esprits, et des plus grands, des plus politiques, — Cavour, Stuart Mill, Girardin, — pour la vouloir absolument libre : et il ne tenait qu'à vous de répéter leur dire. Toute res-
triction de la presse leur paraît un attentat et un péril. « Comment !
gêner ce contrôle des pouvoirs, qui est seul permanent, seul appli-
cable à tous les degrés du pouvoir : ce défenseur des minorités sous
le règne du nombre : cet auxiliaire du législateur, qui lui apporte
le concours et le tribut de l'esprit public : ce représentant de l'opinion qui reçoit chaque jour son mandat, au lieu de le recevoir tous
les six ans ; ce surveillant des fonctionnaires, ce redresseur des
griefs particuliers ; et surtout cette lumière des élections qui en fait
l'indépendance, qui garde les sources où naît la volonté du pays, qui
fait obstacle ainsi à l'enfantement du pouvoir absolu... l'unique obstacle, tout comme il est le seul aliment possible de la vie politique
parmi les masses, et seul capable de cette partie du progrès qui
consiste dans sa diffusion. »

Cela est vrai, mais n'est qu'une partie de la vérité. Le fait est
qu'après le feu dont nous parlions tout à l'heure, après les religions
dont il sera parlé ci-après, le journal est parmi nous la chose du
monde la plus dangereuse et la plus indispensable. Rien ne serait
aisé comme de conclure soit à la liberté absolue des journaux, soit
à leur sujétion absolue : il suffirait pour cela de plaider fortement les
vices ou les mérites de la presse. Que si l'on adopte une conclusion

mixte, comme la responsabilité légale des journaux, il est difficile ou
de ne pas trop exalter, ou de ne pas trop déprécier les journaux, eu
égard à la condition qu'on appelle sur eux. Mais cette erreur ou cette
dissonance des motifs (qu'on n'est pas sûr d'avoir évitée) est peu im-
portante. Sachons seulement que les journaux peuvent faire plus
de bien et plus de mal en France que partout ailleurs. Pour les
services dont ils sont capables, il faut les soustraire à une sujétion
absolue : mais pour le mal qu'ils sauraient commettre à l'occasion,
ils ne méritent pas une liberté absolue. Les forces de la nature quand
elles ne sont pas maîtrisées par l'esprit de l'homme sont quelquefois
malfaisantes : et cela n'arrive pas moins à cet esprit, quand il n'est
pas discipliné par la conscience ou par les lois qui expriment la conscience en son état lucide. La presse est une œuvre de l'esprit qui ne
peut se passer de cette conscience visible et impérieuse des lois. Car
cette œuvre est l'instrument d'une passion : cela dit tout, cela dit
au moins qu'il faut préparer une discipline ici où l'on peut prévoir
un excès. Il s'agit d'une passion éminemment française et actuelle,
répandue dans toutes les classes de la société, qu'il serait mortel
d'étouffer, qu'il serait dangereux de livrer à elle-même et aux excès
variés dont elle est grosse. Je veux parler de la passion politique. Il
ne suffit pas de la nommer, il faut la décomposer dans toutes ses
parties, ou plutôt dans tous ses tributaires, pour montrer que le
journal, instrument de cette passion, ne peut être ni indépendant
des lois, ni soumis au pouvoir exécutif. Cette passion, avons-nous
dit, est partout, mais elle n'a pas partout les mêmes traits. Je n'en
veux rien taire, à l'avantage de qui que ce soit. Allons d'abord au
plus bas : on s'élèvera, si l'on peut.

Parmi certains meneurs d'élection, la passion politique est celle
des places, le besoin d'un patron puissant là où s'obtiennent les
places, dépendant là où se fait l'élection.

Parmi les candidats, c'est la passion des portefeuilles, des grands
postes.

Parmi les dynasties déchues, c'est la passion de reprendre le règne,
de reparaître sur le trône, où, sous un titre quelconque, à la tête du
pays.

Quelquefois enfin (il ne faut rien omettre), c'est un besoin généreux d'acquérir, de maintenir ou de détruire certaines institutions :
ce qui n'exclut pas la passion et ses excès, ce qui n'implique pas
toujours la raison, laquelle n'est pas identique au désintéresse-
ment.

Nous n'avons pas tout dit : il nous reste à voir quelle peut être la passion politique au sommet de l'État, parmi les possesseurs du pouvoir exécutif. Ici la passion est de régner sans être contredit ni entravé : je ne dirai pas de régner et de gouverner, car cette passion n'exclut pas un certain abandon de tout ce qui est police et réglementation des rapports individuels; mais elle entend rester maîtresse dans tout ce qui constitue les rapports du pays avec l'État et de l'État avec les puissances étrangères, c'est-à-dire de l'esprit public et critique, de l'impôt, de l'armée, des traités, de la paix et de la guerre. Il n'est pas de souverain en France qui n'ait beaucoup fait pour la bonne police de la communauté, pour l'amélioration du droit privé, qui n'ait même rendu la main soit à l'industrie, soit aux localités, quand l'amélioration désirable était la liberté. Mais il n'en est pas un non plus qui n'ait eu la passion de régner à sa guise, qui ne regardât la souveraineté comme son bien, et qui ne fît effort contre tout partage et contre toute contradiction d'où pouvait naître le partage : passion naturelle à cette hauteur et que tout encourage dans les précédents anciens et même récents de l'autorité française.

Maintenant, si vous considérez la passion qui peut agiter le fonctionnaire, elle est un diminutif de la passion souveraine qu'on vient de reconnaître. Elle est plutôt encore un besoin d'importance et de prépondérance que d'avancement : le fonctionnaire ne se considère pas comme un serviteur public; il dirait volontiers comme l'ambassadeur d'autrefois : « l'État, mon maître... » et n'en connaît pas d'autre. Ce vice n'est pas la servilité, et c'est ce qui importe le plus. Pour l'indépendance des jugements politiques, je ne vois nulle différence entre le fonctionnaire et le citoyen étranger aux fonctions. La passion des places n'est pas celle de servir, de se taire, d'adorer.

Étant donnée cette passion qui est partout, quel est le rôle du journal? quelle discipline ou quelle liberté lui faut-il? Le journal servira sans nul doute la passion qui, à ses différents degrés, convoite le pouvoir et livre bataille à ses possesseurs actuels. Aussi faut-il des lois sévères pour le réprimer dans l'injustice éventuelle de ses attaques. Mais en même temps le journal combattra la passion du pouvoir qui veut être absolu. En France, à côté et même au-dessus de la tribune, il n'est que le journal pour ce combat quotidien et universel : ce qui est une raison pour faire aux journaux un régime où ils ne dépendent pas de ce pouvoir, où ils ne relèvent que de la loi et de la justice.

« Mais tout cela, direz-vous, — et cette discipline des journaux, et
« l'état social où vous l'instituez, — tout cela est une crise perma-
« nente, ce n'est pas un régime ! » Je ne sais. Mais à cette crise, vous
ne pouvez rien substituer qui ne soit pire, si c'est le pouvoir absolu :
ou rien qui ne l'aggrave, si c'est l'anarchie, la liberté absolue des
journaux.

Je vois bien quelle est votre pensée : il vous faudrait une solution,
comme on disait en 1848, c'est-à-dire un repos de la société, une
borne où elle s'arrête et s'assoie. Eh bien, cela est chimérique,
c'est nier l'infini dans un de ses aspects, l'infini qui est bien la réalité la plus impérieuse sur notre esprit et sur la destinée sociale. Il
en est d'un état social comme d'un chiffre, comme d'un lieu, comme
d'un temps ; rien ne peut vous empêcher d'en concevoir un autre :
cette ascension de l'esprit est invincible, et cela signifie pour la société une marche, un travail sans fin, non sous le poids d'une malé-
diction, mais à l'assaut du bien et de l'idéal. Vous m'avouerez que
ceci est bien l'affaire de la France concevant, comme elle fait, tout
ce qui dépasse le réel et le fini.

En tout cas, on peut vivre ainsi, on peut même avancer. Voyez
donc la période qui s'est écoulée depuis 89. Il faut croire qu'il y a des
peuples faits pour la vicissitude, pour l'agitation, y vivant comme
dans leur nature, y marchant comme dans leur voie, c'est-à-dire de
toute la vie et de tout le train dont ils sont capables. Rien ne souffre
chez eux de cette instabilité, ni les affaires, ni le commerce des relations privées, ni les choses d'intelligence, ni l'esprit de corps, ni
l'honneur sous tous ses aspects. Ils ne s'y dégradent pas, ne s'y ap-
pauvrissent pas, sous l'impulsion apparemment des facultés les plus
éminentes, comme les plus imperturbables. Nous ne sommes pas
le seul exemple d'un peuple ainsi fait. Telle était Florence au quin-
zième siècle, sans constitution ni armée permanente. Rien n'était
plus orageux. Aujourd'hui même vous sentez le moyen âge et la *terreur* qui habitait cette époque, rien qu'à vous promener dans ces rues
où chaque palais est une citadelle. Mais à quoi bon des murailles
contre le poison ! Quel peuple pour l'assassinat, même en pleine ca-
thédrale ! Quelle patrie de Machiavel et de son *Prince*, qui n'en fut
pas moins la patrie de Dante, de Pétrarque, de Boccace, et des plus
grands artistes que le monde ait jamais admirés ! Le fait est que cette
anarchie n'empêchait pas les lettres et les arts de s'épanouir à souhait, encouragés par le plus fin dilettantisme ; et l'industrie, la ban-
que, tous les métiers comme tous les arts, de fructifier à côté de ces

fleurs : à tel point que des banquiers firent cette fortune souveraine des Médicis.

Je sais bien que tout cela raconte et n'explique pas. Mais voici pourquoi nous gardons en nos plus fortes secousses un certain équilibre. Cela tient à ce que nous avons détruit les anciennes forces avec des idées, et à ce que ces idées de droit national, de droit commun, d'humanité n'étaient pas purement critiques, purement négatives. Par où cette destruction fut édifiante et non une pure Jacquerie : elle créa parmi nous un fond moral et solide, qui ne s'ébranle pas dans nos vicissitudes : une force capable d'incommoder et même d'ébranler les gouvernements, mais aussi bien capable de s'en passer à l'occasion, celle par exemple de telle révolution récente, où l'on a vu, dans l'interrègne de tous les pouvoirs, une société qui ne s'abîmait pas, qui vivait d'elle-même et non de sa police, de ses tribunaux, de sa force armée.

Les pouvoirs en sont peut-être plus instables, mais la société est meilleure par le lien plus fort qui unit les hommes et qui enchaîne les consciences : c'est là ce qui modère soit nos révolutions, soit nos dictatures.

A ce compte, notre instabilité n'est pas aussi alarmante qu'on pourrait le croire. Elle n'est pas non plus autrement regrettable : ce qui nous arrive sans cesse de nouveau est une suite naturelle de toute notre histoire où rien ni personne n'a mérité un empire durable ; un effet de race en outre, d'une race dont l'élan, dont le programme est immense : *liberté, égalité, fraternité !* Que de choses ! il n'y a pas de temps perdu, si l'on considère que le christianisme — divin, dès qu'il y a un Dieu — n'avait qu'un article de cette foi, la fraternité, et qu'il a mis dix-huit cents ans à faire des hommes les frères que vous voyez.

Ainsi notre situation est le fruit de tout notre passé : nous devions en venir là, nous sommes à destination. Mais nous n'avons aucune raison d'en périr, ayant survécu à de bien autres dissolvants, à celui par exemple de la passion religieuse. Songez un peu que l'hérétique d'autrefois s'en prenait à l'unique autorité, à l'unique lumière morale qui fût au monde : il n'y avait pas au moyen âge de morale laïque, *indépendante*, comme on dit aujourd'hui ; et, dès qu'il était question de vivre au-dessus des intérêts et des sens, d'imaginer le droit, les hommes n'avaient pour cela que la religion. N'oubliez pas non plus comment l'orthodoxe vengeait cette vérité unique et divine qui était tout pour la conscience des hommes et pour la règle des sociétés.

Jamais le monde, menacé par l'hérésie dans ses bases et dans ses entrailles mêmes, n'avait couru et ne courra un tel risque. Jamais non plus il ne reverra les atrocités d'une pareille défense.

C'est la plus grande source de sang humain qui ait jamais coulé. Après le massacre, ce qu'on y voit le plus, c'est le parjure. Les traités établissaient peu de chose en fait de tolérance, et ce peu n'était pas observé. Tout ce qui fut entendu, après la *Guerre de trente ans*, par ce fameux traité de Westphalie, c'est que les princes ne se feraient plus la guerre pour cause de religion.

Le P. Bougeaut, dans son excellente histoire de ce traité, n'y fait voir que deux nouveautés : — l'une est la parité de condition entre les princes catholiques et les princes protestants : les uns et les autres peuvent également *réformer*, c'est-à-dire obliger leurs sujets dissidents à l'émigration : de sorte qu'il y a, non pas tolérance, mais droit égal de persécution. — L'autre est le délai de cinq ans accordé aux sujets *réformés*, pour le règlement de leurs affaires (article 12 du traité d'Osnabruck)[1]. Clause illusoire, sans garantie possible : violée aussi bien que l'édit de Nantes, contre les protestants français qui furent hors la loi en France, qui n'y eurent pas d'existence légale, pas d'état civil jusqu'en 1784. Un philosophe a pu rechercher *comment les dogmes finissent* : ne demandez pas comment finissent les passions. Elles se succèdent et se remplacent ; voilà tout. Nous avons en nous une vie affective et brûlante aussi bien qu'une vie froide et rationnelle : ni l'une ni l'autre ne se passent d'aliments. La passion religieuse nous a quittés ; mais la passion politique lui a succédé. Ne souhaitez pas que celle-ci nous quitte, car on ne voit guère, pour la remplacer, que la passion économique, industrielle, matérielle enfin... *finis Galliæ*. Ne souhaitez pas même que la passion politique n'ait plus l'instrument du journal : car elle en aurait un autre, qui ne peut-être que le *club :* en verrions-nous plus clair ? Le plus sûr est d'admettre et de régler l'instrument actuel de la passion politique.

XI

Mais enfin, me dira-t-on, comment concilier ici le droit du pays, de la pensée, du journal avec la paix publique et la stabilité du gouver-

[1] *Histoire du Traité de Wesphalie*, t. II, p. 292.

nement? Où trouverez-vous tout à la fois l'exercice de ces facultés et
la garantie de ces biens ? Je réponds qu'il y a en cette matière un
régime tout indiqué, tout prêt ; que le droit commun suffit avec de
légères additions pour la discipline des journaux.

Le droit commun est une base presque suffisante à l'égard de la
presse : 1° en ce qu'il définit les méfaits de toutes sortes, crimes,
délits, contraventions ; 2° en ce qu'il définit la tentative et la complicité dans des termes tels qu'un article de journal peut être accusé
de méfait ; 3° en ce qu'il détermine la juridiction.

Ce dernier point est capital. Ici, la conséquence du droit commun,
c'est que le journal doit être traduit devant les juges correctionnels,
en cas de délit, et pour un crime devant la cour d'assises.

Toutefois quelques restrictions et quelques additions sont nécessaires au droit commun, qui aurait sans cela des sévérités excessives
et des lacunes. Il y a maint exemple de matières régies en même
temps et par une loi spéciale et par le droit commun. C'est ainsi
que le braconnage et la banqueroute sont atteints par des lois particulières, outre la loi générale qui punit le vol en lui-même.

Il y a d'ailleurs quelques bonnes raisons pour ne pas assimiler de
tout point les méfaits de la presse aux crimes et délits ordinaires en
la traitant de complice, et pour ne pas lui appliquer les peines ordinaires. D'abord la définition de la complicité, telle qu'on la trouve
au Code pénal, est vague et démesurée : à ce point qu'un grand esprit en toute matière, M. Rossi, la trouvait excessive, et jugeait nécessaire contre cet excès l'innovation des circonstances atténuantes.
Cette théorie corrige, disait-il, *ce qu'il y a de trop rigoureux dans les
théories du code pénal sur la complicité, sur la tentative et sur la récidive.* En second lieu, les méfaits de la presse ont ce caractère politique qui, dans les temps modernes, trouva toujours un public et
même des juges indulgents : on n'applique pas aujourd'hui la peine
de mort au conspirateur, à l'insurgé, même pris les armes à la main.
C'est tout au plus si les lois de septembre furent appliquées une fois
dans le traitement nouveau qu'elles infligeaient aux journaux. Le législateur peut bien sévir dans le droit commun ; mais personne ne
le suit, ni l'opinion, ni la justice, quand il s'agit de frapper le journaliste à l'égal d'un voleur ou d'un meurtrier : de là le bien fondé et
l'à-propos des lois spéciales qui ont édicté pour les méfaits de la
presse une pénalité réduite.

Mais à côté de cette modération qu'elles apportent au droit commun
ces lois ont à le fortifier et à le compléter, pour faire acception de

certaines circonstances particulières au journal, — soit pour le soumettre au timbre, si on lui trouve le caractère d'une industrie —
soit pour le soumettre au cautionnement, si l'on croit à l'imminence
perpétuelle de ses délits, dont une des répressions est l'amende, —
soit pour établir le droit de réponse du gouvernement dans le journal même où il est attaqué. La légitime défense n'est pas un droit
naturel suffisant pour autoriser cette réponse : elle est simplement
une excuse, tandis que le principe est que nul ne peut se faire justice lui-même. Rien n'est plus légitime et plus efficace que cette réponse locale, topique, que cette riposte du tact au tact accordée dans
le journal même à ce que le journal attaque. J'ajoute qu'elle devrait
avoir lieu non-seulement au sujet des personnes, au sujet de tel cas
particulier, mais même en toute discussion générale d'une portée
politique. Cette nouveauté est donc précieuse. Toutefois cette inquié-
tude d'esprit, cette société instable que nous avons reconnue parmi
nous, semble, à première vue, appeler quelque chose de plus radi-
cal et de plus pénétrant. On pourrait dire que la chose à créer, que le
moyen de salut, est une presse officielle, instituée et dotée comme un
service public, pour défendre le gouvernement et la société que
personne ne défend, pour suppléer dans cet office les classes
dont l'intérêt est celui de la conservation, mais qui n'ont pas l'audace et la vigueur militante d'un parti : *Je suis approuvé, je ne suis
pas défendu*, disait le roi Louis-Philippe [1].

Le gouvernement, au moyen d'une presse ainsi conçue, serait l'organe du droit dans le domaine de la discussion, dans la société des
esprits, tout comme il l'est dans la société positive, dans le monde
des faits et des intérêts. Quand il y a des services publics, *un minis-
tère public*, pour opérer sur les actes, pourquoi n'y en aurait-il pas
pour opérer sur les idées, dans un pays où il est démontré que les
actes découlent des idées ? Le droit commun est pour tout le monde :
dans toute carrière qu'il ouvre, la concurrence n'est interdite à personne ; celle des journaux de l'État serait aussi légitime que celle des
colléges de l'État.

La chose est tellement nécessaire qu'elle existe et fonctionne parmi
nous depuis cinquante ans, d'une manière plus ou moins ostensible.
Les fonds secrets, les distinctions, les places dont dispose le gouvernement, celles surtout qui laissent le journaliste à son journal, ont

---

[1] Voir les *Mémoires* de M. Guizot qu'on ne saurait trop étudier sur ce sujet de
la presse.

toujours défrayé parmi nous une presse officielle. Seulement il lui a plu de se dire indépendante, et de ne pas avouer le service très-avouable qu'elle faisait. Maintenant convient-il d'aller plus loin ? Faut-il instituer une presse officielle, faut-il du moins la consacrer et la doter autrement qu'on n'a fait jusqu'ici ? Cela n'est pas nécessaire. J'entends dire du moins avec la plus haute autorité de souvenir et d'appréciation, qu'un gouvernement ne saurait manquer d'apologistes, avec les allocations, avec les ressources énumérées tout à l'heure.

Cela dit pour dissiper certaines inquiétudes et pour ne rien omettre du sujet, il faut reconnaître la valeur nouvelle et supérieure de ce droit de réponse attribué au gouvernement. L'ambassadeur de Venise, rendant compte à son gouvernement du coup d'État exécuté par Cromwell, résumait tout en quelques mots : *Le lord protecteur*, disait-il, *est seul maintenant à parler et à mentir*. Ce privilége, vous conviendrez qu'un journal ne l'a plus, étant donnée l'innovation dont il s'agit. Son monologue devient discussion : il cesse de remplir et d'obséder l'oreille des lecteurs, dès qu'il est obligé de quitter la tribune où il parlait seul, et de céder la parole aux contradictions. Il était impossible de rien ajouter au droit commun de plus heureux, de plus nécessaire.

Maintenant vous comprenez de reste quelles sont les facultés, quelle est la somme de liberté introduite par le régime que l'on propose. Désormais un journal n'a pas besoin d'autorisation pour paraître ; et il ne peut plus disparaître sous le coup des avertissements, des suspensions et des suppressions. Les tribunaux même ne pourraient prononcer la suppression, et cela par une raison légale, technique, qui est de bon aloi, si je ne me trompe. Car la suppression est pour le journal une perte de plusieurs centaines de mille francs ; elle est par là une amende supérieure au cautionnement, qui est fixé pourtant de façon à garantir le payement des amendes les plus fortes et les plus nombreuses qu'un journal puisse encourir. Dans cet état de choses, la suppression apparaît avec son véritable caractère, qui n'est pas celui d'une peine, mais celui d'une mesure administrative, absolument déplacée et disproportionnée dans une matière de droit individuel régie par la loi générale.

En résumé, la presse sous ce régime continuerait à porter le timbre, le cautionnement, les communiqués : mais les journaux pourraient naître à volonté et ne pourraient encourir que des peines prononcées par justice, dont la suppression ne ferait plus partie.

Ceci n'est pas, à coup sûr, la meilleure discipline qu'on puisse rêver pour la presse. L'abolition du timbre, les cautionnements abolis ou réduits, le jury, un jury distant, composé de manière à garder son indépendance envers tous (dont la haute Cour, fondée par la constitution de 1848, nous offre un assez bon modèle), tout cela serait peut-être une façon désirable de traiter la presse. Mais le régime qu'on indique serait un premier pas considérable dans une carrière où il est peu de personnes, j'en ai bien peur, qui veuillent faire plus d'un pas à la fois.

XII

En résumé, les journaux ne font pas les révolutions : ils n'ont pas cette puissance dans un pays comme le nôtre où les gouvernements, constitués avec tant de force et supportés longtemps avec tant de patience, sont aussi puissants pour leur chute que pour tout le reste, et seuls capables, seuls responsables de ces catastrophes. Il ne faut pas dire non plus, cédant au charme d'une antithèse, que ce sont les révolutions qui font les journaux : ils n'ont pas cette origine, les révolutions étant des dictatures qui ne supportent pas la presse et des crises qui ne l'emploient pas, qui ont de bien autres moyens d'action : violence des clubs, affiches et proclamations de carrefour ; Commune de Paris, Terreur enfin...

Non, le journal est la création des temps réguliers dont le signe distinctif est de laisser parler tout le monde, parce que le gouvernement est l'équilibre cherché de tous les partis, de tous les intérêts, de toutes les classes.

Cet équilibre, qui est l'ordre même dans sa notion la plus haute et la plus forte, n'a qu'une base capable de l'assurer : le pouvoir du pays sur lui-même. Alors apparaît le journal comme l'exercice quotidien de ce pouvoir, comme l'organe permanent de cette fonction, à côté du grand exercice électoral et des délégations intermittentes qui instituent de loin en loin des mandataires publics. Par où l'on voit si le journal peut dépendre du pouvoir exécutif, qui est justement la chose à contrôler par le pays et par les organes qu'il crée à cette fin : les uns qu'il tire de lui-même sous le nom de *représentants*, les autres qu'il retient par-devers lui sous des noms divers, — livres, journaux, brochures, — nécessaires et inaliénables comme sa pensée même, comme la pensée nationale et politique, dont relève tout pouvoir, le représentatif aussi bien que l'exécutif.

En France cette origine du journal n'est pas douteuse. Absent ou insignifiant pendant les dictatures qui vont de 93 à 1814, il reparaît à cette dernière époque avec la charte des Bourbons et l'*acte additionnel* de l'empire.

Les temps réguliers, les gouvernements réguliers n'excluent pas la passion, surtout la passion politique : et nous avons vu que le journal est un de ses instruments. Mais ceci qui, à première vue, semble embarrasser la question, est ce qui la résout au contraire, et qui la résout impérieusement dans le sens du journal libre. Est-ce que l'on comprime une passion, la passion actuelle et vivante qui possède un pays ? Tout ce qui est permis et prudent à son égard, c'est de la discipliner, de la réglementer, la soumettant à des lois et à des juges. Que diriez-vous d'un pays à passion religieuse, — l'Espagne, la Belgique, — où le gouvernement oserait supprimer telle prière, telle cérémonie essentielle, mais coupable à ses yeux d'exalter cette passion jusqu'au fanatisme ?

Il n'est pas question, dites-vous, de supprimer la presse, mais d'en confier au gouvernement cette discipline que vous trouvez nécessaire : et cela pour le bien de tous, pour l'utilité publique dont le gouvernement est l'interprète et le gardien suprême.

Cela serait spécieux, si le régime administratif de la presse était un détail isolé, une précaution spéciale et se justifiant d'elle-même dans ses limites. Mais le malheur est que ce détail s'encadre logiquement, harmonieusement dans un ensemble où les fonctionnaires sont irresponsables, où les candidatures sont officielles, où le parlement n'a pas d'initiative, où le citoyen ne peut se réunir, pas même pour parler vignes ou échelle mobile,... toutes choses qui impliquent une certaine méfiance du pays, qui lui sembleront faites pour la commodité du pouvoir exécutif bien plus que pour l'utilité publique, et qui jettent un jour tout particulier sur le sens des conditions faites à la presse.

Ce principe de l'utilité publique dont vous faites état contre le journal, ne croyez pas que j'en fasse abstraction. Je reconnais, sans m'expliquer autrement, la fatalité de certaines circonstances où le droit de la nation peut être suspendu, emportant avec lui le droit de la presse. Toutefois la nation ne peut abdiquer à jamais : cela est entendu et avoué de tous. Or, quand les organes constitutifs de la nation ont reparu, quand ils ont repris leur jeu et leur fonction, c'est aussi

bien le moment où la presse elle-même a cessé d'être dangereuse, et
où le péril serait de prohiber ce qui fut toujours libre en pareil cas,
d'encourir une comparaison fâcheuse, de porter enfin les apparences
d'un gouvernement irrégulier, inquiet, provisoire.

Si un pouvoir né dans une crise, investi par là d'une omnipotence
légale ou réelle, en a profité pour accomplir certaines grandes choses, hardies et dispendieuses, où un pays ne se porte pas volontiers
de lui-même, qu'une presse libre, qu'une assemblée indépendante
lui eût peut-être marchandées ; cela fait, s'il n'aperçoit plus devant
lui ces hautes occasions qui sollicitent et quelquefois justifient la dictature, il fera bien de la répudier, et de partager avec le pays le poids
des problèmes épineux, du socialisme par exemple, qui désormais
chargent seuls l'avenir. Il sera bien avisé d'intéresser et d'identifier
la nation au gouvernement, à son action, à sa durée. Autrement, il
sentirait le pays lui échapper, sans aucun grief précis et particulier,
mais pour un je ne sais quoi tel que la liberté suspendue, la presse
et les élections régentées.

Non, dites-vous, le péril n'est pas là pour un gouvernement français et surtout pour la société française : le péril est dans la prétention extrême et implacable des partis, laquelle n'est pas moins
que de déplacer le pouvoir, de changer la dynastie. Voilà l'usage
qu'ils feraient d'une presse libre, et l'aventure qu'ils ménagent au
pays.

Chacun voit où porte cette réplique. C'est, à mon sens, flatter étran-
gement les classes élevées (il sera question des autres tout à l'heure),
où tant de biens à conserver enseignent la modération, où tout con-
spire à tempérer et même à écraser les conduites. C'est leur prêter
des projets dramatiques qui dépassent toutes les vraisemblances de
caractère et de position. Il y aura toujours des Stuarts, peut-être même
des Stuarts regrettés : mais du souvenir au dévouement, à l'entreprise, à l'audace des révolutions qui font des exilés polonais, italiens,
hongrois... il y a loin. C'est faire trop d'honneur à la nature humaine
que de lui prêter de tels sentiments et d'en prendre ombrage. On
compterait, on nommerait en quelques lignes les familles, je me
trompe, les personnes tout exceptionnelles où persiste la religion des
vaincus et des morts.

Un souverain qui n'est plus, qui a régné de nos jours, longtemps
habile et heureux, ne voulait pas d'un électeur de plus, de peur que
cet électeur ne fût un légitimiste. C'était une infatuation, et qui ne fut
peut-être pas sans conséquence. N'en serait-ce pas une autre que

d'appréhender un Stuart dans tout organe, dans tout droit nouveau
de la presse, et pour cela de tenir à l'estouffade l'esprit de la France,
qui est bien l'esprit du monde le plus subtil et le plus délié? On
l'aurait pour soi, avec une loi meilleure sur la presse : tels partis
monarchiques en seraient décomposés tout comme le furent naguère
les partis avancés, quand le drapeau qui avait passé le Rubicon passa
les Alpes. A tant de gens qui ont la vocation du ralliement, qui n'en
attendent que le prétexte, on offrirait là un motif. Pourquoi n'y ver-
raient-ils pas l'achèvement d'une constitution française par le seul
trait qui lui manquât, et le gouvernement (aux personnes près) qui
leur plaisait, qui leur suffisait dans nos périodes constitutionnelles?
Il y a une fin aux deuils les plus sincères : il y a surtout des causes,
des idoles qui passionnent la France : gloire des batailles, liberté
politique, émancipation des peuples, droit de la pensée surtout. Ces
dieux-là récompensent leurs champions, patriotes ou souverains,
tantôt par l'avénement des révolutions, tantôt par l'enracinement des
dynasties.

Celle qui règne aujourd'hui sur la France peut y voir deux choses :
réveil du pays, attesté par les dernières élections, — désarmement
des partis extrêmes, dont elle a pour preuve les serments les plus
inattendus de candidats et de fonctionnaires, — deux choses très-
apparentes et très-instructives, où se révèle distinctement ce qu'on
doit cesser de craindre et ce qu'on doit commencer à ménager.

Ce qui serait à faire ou à laisser faire désormais, est-ce le droit
de réunion? Est-ce la liberté locale? est-ce l'initiative parlementaire? Est-ce la liberté des journaux? J'incline à croire, d'après
l'expérience, que ce pays peut être libre, quand il n'aurait que la liberté de la presse : et je tiens fermement, sans renoncer pour cela au
reste, que ce dernier point est désiré, est nécessaire entre tous.
Maintenant, est-ce à dire que la fortune, que le progrès politique
de la France soit subordonné à cette restitution? Pas le moins du
monde. La France n'est pas à cela près : elle a marché, elle marcherait
encore, sans journaux libres. Mais à quel prix? Les gouvernements
le savent encore mieux que les peuples. La chose est claire : quand ce
pays voudra, il pourra. Mais pourquoi lui infliger une situation telle
qu'il ne puisse faire sa volonté sans faire des révolutions? J'ai dit :
aussi bien, c'est le dernier mot de ce sujet.

PARIS. — IMP. SIMON RAÇON ET COMP., RUE D'ERFURTH, 1.